高效能
班组管理

翟振芳◎编著

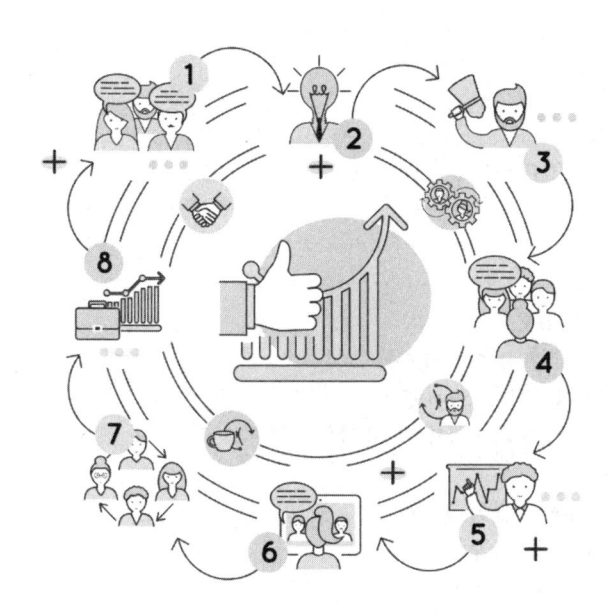

民主与建设出版社
·北京·

© 民主与建设出版社，2024

图书在版编目（CIP）数据

高效能班组管理 / 翟振芳编著 . -- 北京：民主与建设出版社，2024.3
ISBN 978-7-5139-4496-0

Ⅰ.①高… Ⅱ.①翟… Ⅲ.①班组管理 Ⅳ.
①F406.6

中国国家版本馆 CIP 数据核字（2024）第 009832 号

高效能班组管理
GAOXIAONENG BANZU GUANLI

编　　著	翟振芳
责任编辑	刘　芳
封面设计	济南新艺书文化
出版发行	民主与建设出版社有限责任公司
电　　话	（010）59417747　59419778
社　　址	北京市海淀区西三环中路 10 号望海楼 E 座 7 层
邮　　编	100142
印　　刷	文畅阁印刷有限公司
版　　次	2024 年 3 月第 1 版
印　　次	2024 年 3 月第 1 次印刷
开　　本	787 毫米 ×1092 毫米　1/16
印　　张	15.25
字　　数	185 千字
书　　号	ISBN 978-7-5139-4496-0
定　　价	68.00 元

注：如有印、装质量问题，请与出版社联系。

○ 目录

序言　打造高效能班组，助力企业提质增效

第一章｜高效能班组管理的五大核心理念

以人为本　// 003
"三全管理"　// 004
本质安全　// 006
精益改善　// 008
持续学习　// 009

第二章｜高效能班组管理中班组长的四大必备能力

找准自身角色定位　// 013
基层团队谁来带领——团队领袖　// 013
企业精神谁来传承——精神导师　// 015
员工技能谁来培养——第一教练　// 018

团队合力谁来凝聚——非亲家长　// 020

现场作业谁来组织——现场管家　// 022

保证责任落实到位　// 025

安全管理责任　// 025

质量管理责任　// 026

成本管理责任　// 027

团队士气责任　// 029

综合绩效责任　// 029

转变落后管理意识　// 031

目标意识　// 031

责任意识　// 032

团队意识　// 033

问题意识　// 034

管理意识　// 035

加强修炼自身素养　// 036

品质素养　// 036

专业素养　// 040

管理素养　// 043

第三章 | 高效能班组管理的五大基础建设

组织建设　// 060

组织力是班组效能的有力保障　// 060

班组组织建设的三大原则　// 060

"班委"的设置与运作流程　// 061

"班委"运作中的四大误区　// 062

案例解析：班组组织建设案例　// 063

制度建设　// 065

制度是班组的规矩　// 065

班组制度建设四原则　// 067

制度的魅力贵在执行 //067
案例解析：班组制度建设案例 //069

文化建设 //070
班组文化与企业文化的关系 //070
班组文化建设四大功能 //071
班组文化建设的三大内容 //072
班组文化建设的四大原则 //074
班组文化建设的四个阶段 //075
案例解析：班组文化建设案例 //076

业务建设 //078
"五化"工作管理固本夯基 //079
"四个一流"队伍素质提升 //090

机制建设 //095
活力管理机制——调动士气，激发活力 //095
轮值管理机制——人人有责，全员管理 //095
分享管理机制——工友为师，经验共享 //096
评议管理机制——交流观点，融合思想 //096
赛场管理机制——以赛促练，提升技能 //097
荣誉管理机制——正向激励，群体感染 //098
公约管理机制——共识共治，自觉践行 //098
链锁管理机制——相互帮扶，共进共赢 //099

第四章 | 高效能班组管理的九大实务

任务管理 //103
如何聚焦目标 //103
如何制订计划 //104
为什么要建立工作清单 //107
为什么要设计验收机制 //108
班组任务管理如何闭环 //109

III

安全管理 // 110

班组如何理解"安全第一" // 110

海因里希法则对班组有何启示 // 111

班组的安全管理如何对标杜邦十大安全理念 // 114

班组如何开展三级安全教育 // 116

班组如何开展危险源辨识 // 120

班组如何做好安全确认 // 122

班组如何杜绝习惯性违章 // 127

班组安全"四控"如何落地 // 134

质量管理 // 140

如何理解质量的含义 // 140

如何理解质量管理七大原则 // 142

班组如何贯彻"三不原则" // 144

班组如何落实"三检制" // 147

班组如何做好不良品控制 // 150

班组如何推行 TQM // 154

班组如何开展 QC 活动 // 157

成本管理 // 163

班组如何建立"三全"成本意识 // 163

班组如何做好日常成本管控 // 163

班组如何进行经济核算 // 164

现场管理 // 168

班组现场管理重点抓什么 // 168

班组如何推行标准化作业 // 170

如何进行 4M 变更处理 // 172

如何应对现场突发事件 // 174

班组如何推进现场 5S 管理 // 177

团队管理 // 186

班组如何做好团队沟通 // 186

班组如何做好团队激励 // 195

班组如何化解团队冲突 // 199

学习管理 //203
  何为学习型班组 //203
  班组应该树立怎样的学习理念 //204
  班组日常化学习方式举例 //206

创新管理 //215
  班组如何理解"创新" //215
  班组从哪些方面开展创新 //216
  班组如何建立创新氛围 //217

例会管理 //221
  班组例会有何作用 //221
  班组如何开好各类例会 //223

后记 持续探索高效能班组管理新模式 //231

○ 序言
打造高效能班组，助力企业提质增效

有句话说得好：一般企业看高层，优秀企业看中层，卓越企业看基层。班组，作为企业管理链条的最末端，是企业的最小活力细胞、最小生产单元、最小创值主体。同时，班组也是企业安全生产和经营管理的最终落脚点。它是企业安全生产的第一阵地、是文化孕育的肥沃土壤、是人才成长的最佳摇篮之一，更是提质增效的直接源泉。因此，企业对班组的管理水平直接代表了企业的终端竞争力，也直接关系到企业未来能否科学、健康、可持续地成长与发展。

改革开放以来，中国企业在做大做强的道路上取得了显著成就，成为世界经济的一股重要力量。与此同时，在新的发展阶段，中国企业要想继续壮大，就必须激活组织内的生产动力，其发展模式也必须由投入驱动和要素驱动转变为创新驱动，这就要求企业朝"向内挖潜、向下赋能、向上对标"的方向努力。为了达成这一目标，激活一线班组，使其产生自驱动、自组织、自创新、自改善、自涌现的内生动力，最大限度地释放员工创造力、提高班组管理效能，便成为每一家企业的重要课题。

班组长作为班组管理的第一负责人，其能否胜任直接关系企业各项经营指标能否顺利达成，也直接影响着一线团队的士气、凝聚力和战斗力。我们对1000多个案例进行实地调研后发现，企业的班组长在管理中大多存在以下问题：

第一，80%的班组长是技术能手，而非管理高手。

80%的班组长是从一线岗位直接提拔上来的，一般拥有比较强的技术思维，但对于如何带队伍、如何做管理、如何提升团队战斗力和凝聚力，缺少现成的、拿来即用的经验。

第二，班组长在工作中压力过大，经常感到力不从心。

在班组生产现场，班组长需要对安全、质量、设备、成本、交期等环节负责，哪里出了问题都要找他来解决。因此，很多班组长都感觉压力很大，想要提前做些准备工作，又缺乏相应的管理智慧。

第三，企业设置的班组长人数一般较多，造成不同班组之间的管理水平存在极大的不稳定性。

大多数企业都设置有很多班组，因此需要的班组长数量也很多，他们的管理能力和个人经验、水平参差不齐。其中，多数班组长仅依靠过去的个人经验进行管理，对现代科学管理方法和工具的应用不足，造成"以罚代管"的现象特别突出。即使在同一个部门，不同班组长的管理水平也有高有低。这种因人而异的管理所带来的效果必然是不稳定的。

基于上述问题，如何有效提升基层班组长的胜任能力，帮助其实现以下目标——从技术思维到管理思维的认知转变、从经验管理到科学管理的能力修炼、从自己卖力到团队合力的机制构建、从带头干活到班组建设的系统升级，将是本书重点探讨和分析的内容。

为了帮助广大班组长厘清管理思路、明确自身角色、快速提升核心胜任力、掌握班组管理的科学方法和实用工具，本书主要聚焦以下七个方面的内容：

- 从理性、逻辑的角度帮助班组长建立正确的角色认知；
- 引导班组长从靠自身能力向靠团队合力发展，注重培养其带队伍的能力；
- 在管理方式上，帮助班组长从传统管理逐步走向人本化、赋能式管理；
- 强化班组长对日常班组管理行为的计划性、有效性、规律性和闭环性；
- 班组长通过先模仿再领悟的方法，快速提升胜任力，最后形成个人风格；
- 班组长在管理思路方面，除了要做到逻辑的严谨性和理论的正确性，还要注重方法、工具的实用性和落地性；
- 通过对众多企业班组建设最佳实践案例的解读，帮助班组长了解优秀班组背后的管理内涵与价值。

我们衷心地希望，本书可以切实帮到那些一直在困惑中摸索经验的一线班组长，打造出具有"理念先进、管理科学、队伍优秀、文化和谐、绩效卓越"特征（如图1）的高效能班组。同时，也希望本书可以助力中国企业的整体班组管理水平迈上一个新的台阶。

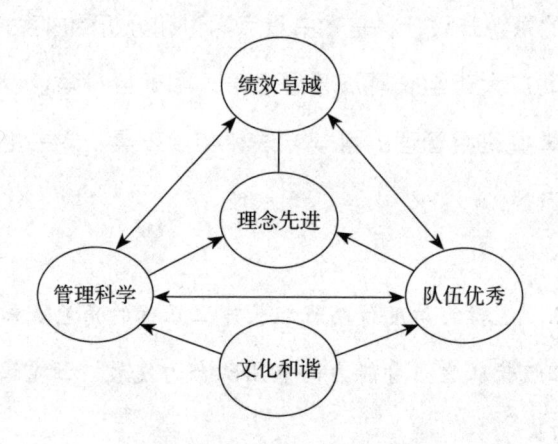

图1 高效能班组特征示例

第一章
高效能班组管理的五大核心理念

第一章
高效能班组管理的五大核心理念

"管理变革，理念先行。"这句话说得没错，任何先进的管理模式，都离不开先进理念的指引。《基业长青》一书作者也得出过类似的结论：一个组织的理念导向力，代表着其核心理念的真实性和一贯性，是区分伟大公司和一般公司的根本因素。

一家企业在制定核心理念时，最关键的是抓住属于本企业独有的内容，归纳总结出最务实、易懂，能够帮助企业有效获利的理念。虽然受地域文化、行业特点、发展阶段、创始人风格等诸多因素的影响，不同企业的核心理念有着各自鲜明的特点，不能完全一概而论。但是，我们通过对上千个企业班组的最佳管理实践案例的研究发现，尽管这些优秀班组对自身核心理念的表述各异，在其中还是能发现一些共通的内容，值得企业去学习和借鉴。

以人为本

"管理的本质源于对人性的认识。"从管理目的来看，管理的最高境界是关注人、尊重人、发展人、成就人；从管理内容来看，班组管理工作要想真正落到实处，最关键的是看员工的配合度如何；从管理方式来看，人本化管理方式是激发员工潜能，调动其积极性的重要手段。

高效能班组管理的核心理念之一便是以人为本，在班组内提倡抑恶扬善、补短扬长，尊重人性特质、关注员工需求，以此激活员工潜能，引导员工发挥正能量。

关注人：人是所有生产要素中最活跃的一种，也是企业创造价值的直接主体。在班组管理中，班组长不仅要关注事，更要关注人，正所谓"人对了，事就对了"。

尊重人：每个人都有被需要、被认可、被信任、被尊重的内在心理需求，班组长在进行管理时，要尽可能地做到尊重每一位员工，倾听他们的合理诉求和心声，帮助他们在班组中找到归属感和价值感。

发展人：班组是企业培养人才的最佳土壤，也是帮助人才成长的最佳摇篮。员工职业习惯的养成、工作作风的塑造和业务能力的提升，都源于其每一天在班组中经过每一件事的历练和成长。

成就人：管理的最终目的是成就人。在班组管理中，如何激发员工的内在成就动机，让其在平凡的岗位上实现不平凡的人生价值，是每一位班组长需要思考的重要命题。

"三全管理"

"三全管理"是高效能班组管理的另一个重要核心理念，这里的

"三全"，指的是全员参与、全方位改善和全过程控制（见图1-1）。

全员参与：班组管理不是班组长一个人的事情，而是班组内所有员工的责任。如果没有员工的积极参与，仅靠班组长个人去推动班组各项工作的进行，那么该班组产生的效能就会大打折扣。所以，高效能班组更强调的是"人人都是动力源"，而不是"火车跑得快，全靠车头带"。

全方位改善：班组经营活动不仅体现在安全、环保、质量、成本、交期、综合绩效等各个方面，也体现在"人员、物料、环境、管理、文化"等全要素的整合提升方面。所以，企业对高效能班组的打造，不仅是为了达成班组的各项经营指标，更是集"夯基础、育人才、塑文化、建模式"于一体的全方位的问题改善与管理能力提升。

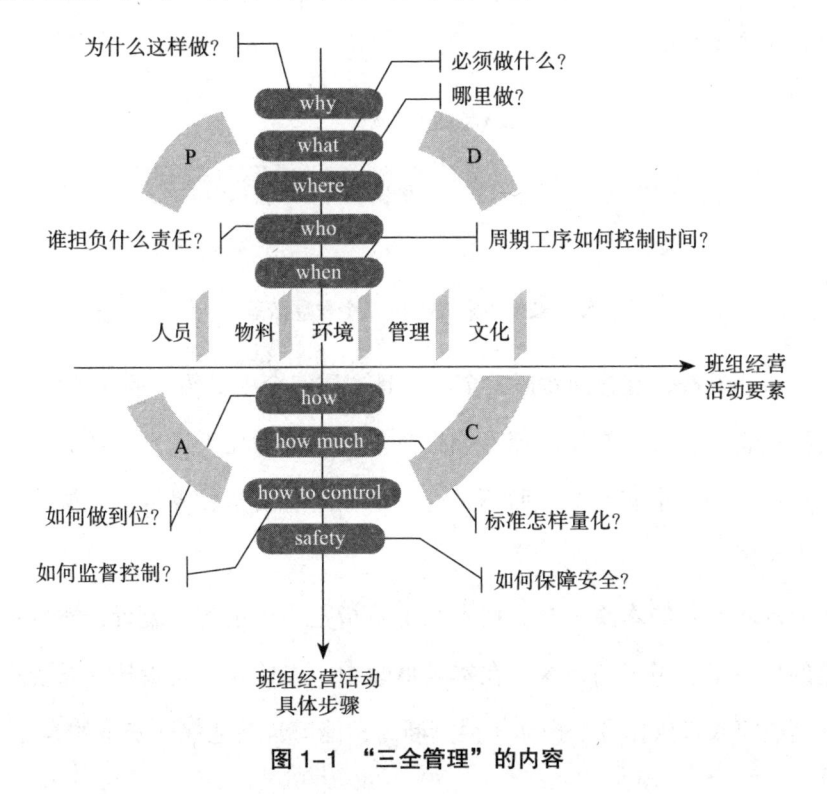

图 1-1 "三全管理"的内容

全过程控制："企业千条线，班组一线穿"，班组作为企业最基层的执行单元，要想做到人尽其责、物归其位、有条有理、井然有序，并非一件容易的事情。所以，企业对班组管理全过程进行有效控制就显得十分重要，尽可能让每一项工作都做到：工作前有目标、有计划，工作中有执行、有落实、有检查、有跟进，工作后有改善、有提升。

本质安全

本质安全从概念的演化和发展过程来看，可以大体划分为以下三个阶段（见图1-2）：单一设备、装置的本质安全，技术系统的本质安全，生产系统的本质安全。

图1-2 本质安全的三个发展阶段

单一设备、装置的本质安全：这是本质安全中最传统的一类概念，是指设备、装置具有能够消除或控制某种危险的先天属性，该属性是通过设计手段来实现的，而不是通过增加附属安全装置或加强维护管理来实现的。

技术系统的本质安全：技术系统是指把多个设备、装置，按照一定的技术工艺组成的系统。在本类概念中，本质安全是指技术系统在发生故障或者操作者误操作、误判断时，能够自动地保证安全的属性。

本类概念与传统概念相比，主要有以下几个特点：第一，不再强调单一设备的本质安全，而是强调系统整体的本质安全；第二，认为安装并使用"附属安全装置"是实现本质安全的重要方式和手段；第三，认为本质安全是通过技术手段实现的，管理手段不属于实现本质安全的手段。

生产系统的本质安全： 生产系统是指由技术系统与人员、管理等要素构成的，能够实现既定生产功能的综合系统。在本类概念中，本质安全是指生产系统的每个基本要素（人员、设备、环境、管理等）均具备较高的可靠性和安全性，能够从根本和整体上保障系统的安全，有效预防事故发生。在本类概念中强调的是根本性和整体性，认为只有当生产系统中的每个要素，即"人员、设备、环境、管理"等都具备了本质安全属性，才能够从根本上保障生产系统的安全；只有各基本要素之间形成有机的配合关系，才能够从整体上保障生产系统的安全。

班组作为企业安全生产的第一阵地，想要达到本质安全的境界，不仅要有各项配套的技术手段和管理手段，更依赖于每一位员工在每一天的每一项工作中，能够时时刻刻地"想安全、懂安全、会安全、能安全"。

想安全： 员工要有强烈的安全意识，时时刻刻都把安全放在第一位，不能有凭经验、图省事、怕麻烦的侥幸心理。当安全问题与生产进度、质量效益及其他活动发生冲突与矛盾时，企业必须把安全放在首位，绝不能以牺牲员工的生命、健康、财产等为代价。

懂安全： 员工在上岗之前，必须掌握相应的安全知识，了解相关的规章制度，切不可出现"无知者无畏"的"不放心人"。

会安全：员工要掌握专业的业务技能和安全技能，能够自觉辨识岗位风险点，并能在突发情况出现时采取有效的预控措施，切实做到"不伤害自己、不伤害他人、不被他人伤害、保护他人不被伤害"。

能安全：企业根据日常生产工作要求，建立"一事一标""一事一控"等常态化风控机制，使所有员工都能自觉遵守规章制度、主动创造安全环境、正确执行操作任务、有效控制作业风险，做到全员"风险自辨自控，隐患自查自改"。

精益改善

精益改善，即持续改善，由日本持续改进之父今井正明提出，是指在生产中逐渐、连续的改善过程。从字面上看，"精"是指企业从成本角度出发，减少投入、减少消耗资源、减少生产时间，尤其是减少对不可再生资源的投入和耗费。"益"是指企业在"精"的基础上，确保获得更多的经济效益。"改善"就是按"精益"的要求对企业生产管理过程进行有效的调整和提升。精益改善涉及企业里每一个人（从最高层的管理人员到最基层的工人）的每一个环节，能够帮助所有人持续不断地改进工作。

在班组管理中，精益改善指的是"人人都是问题发现者，人人都是问题改善者"，要求每一位员工都要立足岗位、勤于反思、追问本质，持续不断地改进工作中出现的问题点。根据今井正明的总结，精益改善的特征和原则各被精简为十条，如图1-3所示。

精益改善的十大特征	精益改善的十大原则
1. 长期的和持久的，但不显著	1. 打破固有观念
2. 小幅度的改变	2. 寻找可行的方法
3. 连续的和增量的	3. 不要分辨，要否定现状
4. 逐步的和稳定的	4. 不要力求完美，要立即实施
5. 涉及每一个人、每一个环节	5. 错了马上改善
6. 集体主义、团队奋斗和系统方法	6. 先从不花钱的改善做起
7. 达到最新的技术发展水平的目标	7. 知难而进，凡事总有办法
8. 分散——许多项目同时进行	8. 追求根源，反复问为什么
9. 强调较小的投资，同时努力维持	9. 众人拾柴火焰高
10. 争取更好结果（能力）的过程	10. 改善是无限的

图 1-3　精益改善的十大特征和原则

持续学习

随着社会的不断进步，普通企业与世界一流企业在技术、设备等硬件上的差距正在逐渐缩小。两者目前最大的差距体现在软实力上，伴随着知识经济及 VUCA（"易变性"Volatility、"不确定性"Uncertainty、"复杂性"Complexity 和 "模糊性"Ambiguity 的首字母缩写）时代的到来，企业的发展方向开始从资源、产业和区域的优势等内容，逐渐演变为知识、人才和技术的密集等内容。未来，只有那些自发驱动变革，持续注重组织学习和人才发展的企业才能赢得更多的发展空间。

企业的发展归根结底要靠全体员工的合力，只有员工的知识、技能、工作态度、创新能力等不断提高，企业才有可能获得长足的发展。特别是在目前所处的知识经济时代，越来越多的企业深刻意识到，知识和创新已经成为比资金、设备、厂房等更为重要的价值要素。学习不再是脱离本职工作的单独活动，而已经成为工作场所中的重要元素。

甚至可以说，学习本身就是一种新形式的工作和劳动。学习和工作越来越趋向一体化，"学习工作化"与"工作学习化"实现了更深层次的融合。

作为处在企业一线的班组，需要创造一个人人学习、人人分享、人人反思、人人精进的无形场域，构建一套日常化学习机制，让每一个个体都能成为学习参与的主体、价值贡献的主体和环境赋能的主体，最终成功打造出学习型班组、创新型班组。

第二章

高效能班组管理中班组长的四大必备能力

第二章
高效能班组管理中班组长的四大必备能力

千百年来，不管是在东方文化还是在西方文化中，人类从来没有停止过对自我的探索。雅典附近的德尔斐有一座阿波罗神庙，在它斑驳的石柱上刻着这么一句话："认识你自己"。

我们每个人在这个世界上都会扮演很多角色，在公司我们是领导、是干部、是员工，回家后我们是爱人、是父母、是儿女。除了这些角色外，我们还有社会公民的重要角色，行使公民权利，履行公民义务。有句话说得好："你是谁并不重要，你应该是谁才重要。"这就是"角色"赋予我们的重要意义。

那么，一名班组长在企业中，到底应该担当哪些角色？发挥什么作用呢？

找准自身角色定位

基层团队谁来带领——团队领袖

团队领袖，这个词给人一种比较高端的感觉，似乎只有那些具备远见卓识和卓越领导才华的人，才配称作团队领袖。其实不然！团队领袖不是一个职位，而是一种行为方式。团队领袖的真正内涵在于，一个人能否通过他的人格魅力或个人影响力（即非权力影响力），带领好一支队伍，管理好一个团队，让大家朝着正确的方向、用正确的方式、做正确的事情，最终拿到正确的结果。

与其说员工是被"管"出来的，不如说是被"带"出来的。班组中各项经营指标能否顺利达成，跟班组长的个人领导力有直接关系。班组长的官职虽然不大，是企业中权力最小的管理者，但是在班组生产现场，不管哪里出了问题，班组长都是第一责任人。班组长想要当好团队领袖，带好团队，最重要的是要做到以身作则、率先垂范，时刻注意自己的言行，要求员工做到的，自己要能先做到。

案例链接
被撤职的李团长

电视剧《亮剑》中有这样一个情节：独立团团长李云龙的贴身警卫员魏和尚在战争胜利前夕，被黑云寨的土匪暗算，不幸牺牲。李云龙听到这个消息后怒火攻心，马上召集部队要去剿灭黑云寨，为魏和尚报仇。而就在不久前，孔捷成功招降了黑云寨，已经谈好了收编事宜，且上报了总部。但李云龙并不在乎这些，报仇心切的他直接派人将前来劝阻的孔捷控制在屋里，然后带着部队，亲自将黑云寨的土匪谢宝庆等人一网打尽。总部知道这件事后，非常震怒，认为李云龙不顾大局、擅自行动，严重违反了组织纪律，便将李云龙由独立团团长降级为营长。

李云龙是这个独立团的主心骨。因为独立团是他一手带出来的，所以全团上上下下，只服李云龙，其他的人谁也不服。李云龙被降级后，谁也没有真正把他当成一个营长，还是按照原来团长的规格对待他。有个新来的哨兵不明就里，看见李云龙后敬了个军礼，喊了句"营长好"，段鹏马上揍了这个哨兵几下。哨兵感到很委屈，认为李云龙现在的职务就是营长，自己喊他为营长有什么错呢，便伤心地哭了起来。这时候，赵政委拍了拍他的肩膀，对他说："在你穿开裆裤子的时候，他就是团长了，在这个独立团里，除了他，没有别的团长。"

【案例点评】

李云龙在独立团的威望如此之高，是因为他有着独特的人格魅力和强大的个人影响力，虽然被降职为营长，但是在独立团其他人的心里，他依然是独立团的团长，是不可替代的一号灵魂人物，这就是团队领袖的个人魅力所在。

企业精神谁来传承——精神导师

为什么说班组长是精神导师呢？因为在企业的管理层中，只有班组长每天都会与员工一起工作，所以其言行举止对员工的影响是最大、最直接的。很多大学生毕业后，都要从企业最基层的岗位做起，这时候带他的第一任师傅往往就是某个班组长。班组长的言行会成为新员工心中无形的标尺，他怎么感知和理解这家企业的文化，怎么看待和对待自己做的这份工作，会养成怎样的职业品格和工作习惯，都是跟着班组长看样学样得来的。

所以，优秀的班组长一定要扮演好"精神导师"的角色，他每天的一言一行都在潜移默化地影响和塑造着每一位员工。为了让员工得到更好地成长，班组长必须时刻提醒自己，务必做到"正思维、正言语、正行为、正能量"，真正成为企业精神和核心价值观的践行者、传承者和传播者。

案例链接

大国工匠高凤林的故事（案例节选自《大国工匠——火箭"心脏"焊接人高凤林》）

高凤林是航天科技集团有限公司第一研究院211厂发动机车间的一名班组长，也是该公司的首席技能专家。他每天几乎都在做着同样一件事，即为火箭焊"心脏"——发动机喷管焊接。他在焊工岗位上发扬爱岗敬业、开拓创新、精益求精的大国工匠精神，把自己打造成"中国第一焊匠"。

极致

38万公里，是"嫦娥三号"从地球到月球的距离；0.16毫米，是火箭发动机上一个焊点的宽度；0.1秒，是完成焊接允许的时间误差。在中国航天，高凤林的工作没有几个人能做得了，他给火箭焊"心脏"，是发动机焊接第一人。

"长征五号"火箭发动机的喷管上，就有数百根几毫米的空心管线。管壁的厚度只有0.33毫米，高凤林需要通过3万多次精密的焊接操作，才能把它们编织在一起，焊缝细到接近头发丝，而长度相当于绕一个标准足球场两周。

专注

高凤林说，在焊接时得紧盯着微小的焊缝，一眨眼就可能会有闪失。"如果这道工序需要十分钟不眨眼,那我就十分钟不眨眼。"

焊接不仅需要高超的技术,更需要细致严谨的态度。动作不对,呼吸太重,焊缝都会变得不均匀。所以,高凤林从学徒起就接受了最严苛的训练。戴上焊接面罩,这只是一个普通的操作动作,但是对高凤林来说,却是进入了一种极为专注的状态。

坚守

知道了高凤林的焊接技艺高超后,很多企业试图用高薪聘请他,甚至有人开出了高于其目前工资几倍的诱人条件。对此,高凤林说:"诱惑还是很大的,你说谁能不心动,都是人。"妻子也劝他,说:"给你那么多钱,那你就换个公司上班呗。"高凤林想了很久,最后还是拒绝了。

高凤林说,每每看到我们生产的发动机把卫星送到太空,就有一种成功后的自豪感,这种自豪感用金钱买不到。正是这份自豪感,让高凤林一直以来都坚守在这里。几十年来,130多枚长征系列运载火箭在他焊接的发动机的助推下,成功飞向太空。这个数字,占到我国发射长征系列火箭总数一半以上。

匠心

火箭的研制离不开众多院士、教授、高工的辛勤工作,但火箭从蓝图落到实物,靠的是一个个焊接点的累积,靠的是一位位普通工人的咫尺匠心。

每天高凤林都是最后一个下班,离开前他都会回头看一看。那些整齐摆放着的金光闪闪的元件,就像一件件完美的艺术品。"这都是我们的金娃娃,是从我们手里产生出来的东西。"高凤林说。

专注做一样东西,创造别人认为不可能的可能,高凤林用几十年的坚守,诠释了一个航天匠人对理想信念的执着追求。

【案例点评】

读完高凤林的故事，我们钦佩他精湛的焊接技术，不过他更让人值得尊敬的是，用自己的言行展现了一名大国工匠身上"特别能钻研、特别能吃苦、特别能战斗、特别能奉献"的优良品质，也诠释了"极致、专注、坚守、匠心"的精神传承。正是因为高凤林身上这些宝贵的精神品格一代又一代传承，并影响着身边的人，高凤林班组才会成为211厂的一张名片，为国家培养出了众多优秀的焊接人才。

员工技能谁来培养——第一教练

对于一名新员工来讲，想要快速胜任岗位，就需要了解这个岗位的相关知识、操作技能、安全风险以及常见问题等。通常情况下，企业会以"师带徒"的传统方式培养新员工，而班组长作为经验丰富的师傅，对新人的成长和培养就会发挥关键作用。

一方面，班组长要监督员工是否按照工作流程开展工作，确保作业现场的有序性和可控性；另一方面，班组长也需要随时指导员工，帮助他改善工作方法，快速提高其业务技能。必要的时候，班组长还要帮助员工去解决一些他们暂时解决不了的问题。在这个"师带徒"的过程中，班组长扮演的就是"第一教练"的角色。

案例链接
老宋如何带好新兵

某企业检修班的班组刚刚组建时，只有维修监督和几个师傅具有一定的检修经验,如果把班组比作一个连队,那么几乎整个连队都是新兵。虽然每位员工入职时都经过了近一年的培训,但实际工作起来还是存在很多困难。

小李是一名新入职的大学生,工科专业理论知识扎实丰富,在培训考核中也名列前茅。来到班组后,他自信满满地想要干出一番事业。第一个倒班,他便非常积极地跑到现场主动找活儿,班组长老宋看他积极性很高,就安排他负责给现场维修的师傅递送工具,帮忙拆卸设备。时间一长,他渐渐没了热情,而且总是抱怨工作简单重复。因为他是电气维修岗,于是老宋打算直接安排电气维修的工作给他。有一次,空气压缩机启动时出现了故障,他接到任务后,兴奋地跑到现场,看到停着的空气压缩机显示"缺相"的故障报警,他却傻了眼,不知道从哪里下手。电气设备的控制回路他都学过,但是面对一台有故障的设备,他却不知道该如何解决,急得冒汗。为了尽快让设备恢复运转,老宋拿来万用表,先是断电、挂牌,之后拆开外罩、检查电气元件,最后修复交流接触器主触头,几个动作一气呵成,故障被顺利解决掉了。

为了帮助像小李这样的新兵快速成长,老宋让人把液化厂的废旧设备搬到车间,新兵们可以利用业余时间动手拆装这些设备。老宋还专门制作了简易的连线板,上面安装好电气元件,让新兵用来练习书本上学到的各种电路。有了这些练手的经验,小李在检修时就有了底气,他不再纸上谈兵,而是可以在实际工作中真刀真枪地维修了。

一年后,小李已经能独立完成检修工作。一天晚上,之前那台空气压缩机又出现了无法启动的故障,影响了生产,情况同样紧急。这次故障报警是"启动风扇过载",而这个故障之前从没有出现过,小李却没有傻眼,他独立检查分析原因,很快找到了故障点,修复了设备。

老宋发现小李进步非常快，并且每次完成工作后，技术总结都做得非常认真细致，于是鼓励并指导他将这些经验总结撰写成技术小论文，发表在内刊上，完成从理论到实践再升华为理论的过程，这更加增强了小李钻研技术的动力。因为小李英文不错，老宋就安排他翻译进口设备的英文资料，他在大学时的特长也得到了发挥。几年下来，小李已经成为检修班的技术骨干，并且多次在公司技能比武中名列前茅。

【案例点评】

新兵小李从一个职场菜鸟快速成长为技术达人，与他个人的勤学钻研和实践历练是分不开的，但同时也离不开班组长老宋对他的耐心指导和悉心培养。老宋作为新兵们成长过程中的"第一教练"，不仅在业务上给予他们耐心指导，更重要的是帮助他们建立信心，为他们提供成长机会和持续的鞭策鼓励。

团队合力谁来凝聚——非亲家长

班组里，员工每天一起上班、一起下班，相处的时间有时比跟自己家人相处的时间还长。如果班组成员之间是相互信任、相互包容、相互帮助、相互支持的关系，那么这个团队的合力就会很强。反之，如果班组成员之间相互不团结，甚至相互拆台、相互斗争，那么很多工作就会无法顺利推进。

所以，班组要能营造出和谐凝聚的团队氛围，让大家在这里开心地工作，遇到问题可以得到帮助和支持，每个人在班组中都能有类似"家"的归属感和踏实感。想要做到这些，就需要班组长扮演好"非亲家长"的角色，对待班组成员时就像对待家里的兄弟姐妹一样，不仅要关心他的工作，同时要关心他的生活，关心他的情绪波动，在他遇到困难时给予真诚的建议和必要的帮助。

案例链接
"家"文化凝聚正能量

王胜利班是某煤矿综掘二队的一个生产班，该班组曾获得过很多荣誉称号，是远近闻名的优秀班组代表。之所以能获得以上众多殊荣，与班组长王胜利的"大家长"角色是分不开的。他经常说这么一句话："兄弟们天天在一起干活，相处的时间比跟家人在一起的时间还长，虽然大家没有血缘关系，但班组就像一个大家庭，人心齐，干活才带劲。"

在关爱员工方面，该班组的许多做法都值得借鉴。

慰问进家庭。对无法正常上班的员工进行统计，挨家挨户进行走访谈心，了解员工的家庭状况，掌握每个家庭的具体困难。一方面积极为员工排忧解难，解除员工的后顾之忧；另一方面努力做好员工的思想工作，给他们谈形势、摆道理、讲友情。比如，该班组中有一位员工杨某，儿子在上中学，妻子患有精神分裂症，长期用药，全家收入仅靠他的工资，家庭生活困难。王胜利了解情况后，号召工友们集资了1000元捐给杨某，帮助他解决实际困难。

生日送祝福。在员工过生日当天，该班组会组织全班人员，为这名员工举办生日聚会。"岁月悠悠，在繁忙的工作中你可能忘记了这个时刻；时光匆匆，在紧张的生活里你也许忽略了这个日子。但父母没有忘记，妻子儿女没有忘记，同事朋友没有忘记，我们更没有忘记……"用这些优美的词句，点燃员工心中的梦想，营造温馨氛围，让员工感受到班组对他们的关心与关爱，增强员工的归属感和责任感，增强他们自觉自发地做好本职工作的动力和信心，凝聚正能量。

班事大家谈。"班组就是一个家，家事连着你我他。"王胜利每天都会和大家说这句话，激发每位员工的主人翁责任感，让他们能感受到自己是这个"家"的主人，班组里的每个成员都是他们的"家人"，班组里的事就是大家的事，大家的事就是他们自己的事。班组里无论大事小事，大家都坐在一起共同探讨解决，发扬民主，共管共建，努力解决各种难题。

【案例点评】

一个班组有没有战斗力，首先要看这个班组有没有凝聚力。班组长王胜利特别注重对班组"家"氛围的打造，并通过切实的措施让每一个员工都有被关心、被支持、被认可的感觉，从而有效提升了班组的凝聚力。

现场作业谁来组织——现场管家

班组作为企业最小的执行单元，每天都要进行各种生产经营活动，而班组长就是生产现场的直接指挥员。一个合格的班组长，必须做到有效地调配"人、机、料、法、环"五大类生产要素，并同员工一起控制好生产过程，进而保质保量地完成当天的生产任务。

作为现场管家，班组长的现场管理主要聚焦两方面内容：维持生产和现场改善。维持生产就是保持现有技术，严格按照生产工艺、生产流程控制生产过程，使生产能够正常运行。当出现一些小的状况时，班组长要能够采取应对措施，以保证生产的正常运转。比如员工临时请假、设备突然停机等不正常状况发生时，要能够及时处理。

现场改善则是以提升现有生产能力和质量、减少成本为目标的创造性活动。现场改善又分为创新性改进和改良性改善。创新性改进是变革性的，而改良性改善则强调在现有条件下，鼓励员工立足岗位，持续改进工作中的问题点，比如推进"六源"改善（即TPM管理中常用到的一种提高企业生产效率的方法，"六源"是指污染源、清扫困难源、故障源、浪费源、缺陷源和风险源）。

案例链接
一次突发事件的考验

某日15点20分，全班成员正在会议室里开班前会，现场突然传来尖锐的声音，凭着职业的敏感，王班长判断是风管烧穿造成的声响。险情就是命令，来不得半点迟疑。他做了简单的部署后，下令立即前往接班，协同当班的工友处理事故。王班长在布置工作时指出，一切工作以安全为基础，首先是人的安全，其次是生产安全。炉前组织开另一铁口，做休风准备；炉内各岗位配合工长做好减风降压操作。

具体分工：炉前组长统筹安排炉前人员，一边出铁一边坚守岗位，根据事故处理情况，合理安排出铁事宜；另一边马上组织开铁口，副工长和喷煤岗位看风口，并组织配管工对烧穿的部位进行外部打水；瓦斯岗位负责协调联系，确认铁罐到位后通知开铁口；热风炉岗位搞好煤气安全防护措施，配合工长随时准备休风。

由于炉缸不活、气流分布不均匀等原因造成的风管烧穿是炼铁行业比较大的事故，事故的影响与困难：（1）从烧穿部位喷出的渣铁等物容易造成人身伤害，煤气泄漏会造成现场人员中毒。（2）不及时处理会造成风口、二套损坏，造成高炉长时间休风，影响钢铁生产平衡。如果处理时拉风过急，易造成灌渣等恶性生产事故。（3）由于发生的概率极小，平常演练少，熟悉应急预案的职工也就不多。（4）事件发生的时间节点比较特殊，正是交接班时间，上下班协调组织比较困难。所有职工需团结一心，拧成一股绳才能克服困难。

针对上述困难，王班长采取的应对措施：（1）派出班组安全员现场确认环境，工长发出指令前强调注意安全，进入作业区域做好劳动防护措施；组织专门人员外部打水，防止烧穿部位扩散，同时迅速减风降压，减轻炉内铁渣向外喷溅的动力。（2）在降压的过程中，必须把握好节奏，不能因为降压过快产生负压而造成另一可能的次生事故——风管灌渣。（3）在处理过程中做好沟通，相互提醒，严格按照应急预案操作。（4）班组长安排了专人（瓦斯岗位）负责组织协调工作，并随身携带对讲机保持信息畅通。

面对险情，所有人员没有丝毫退缩，坚决服从王班长安排，认真履行岗位职责。

15点25分——1#铁口打开，两边铁口同时出铁，做好休风准备。同时，炉内改常压，烧穿部位也得到有效控制。

16点——高炉休风。休风之后，高炉组织外协人员迅速更换烧穿的风管。

19点——高炉送风，恢复生产。经过大家的共同努力，事故得到妥善处理，将影响降到最低。

【案例点评】

王班长在突发事故面前，完美诠释了"现场管家"的角色。其敏锐的洞察力、快速的反应力、细致的疏导力、冷静的内定力和过硬的专业力在本案中得以凸显。

作为一名班组长，一定要有扎实的基本功，充分了解各岗位的业务特点，熟练掌握应急预案与操作规程，遇到困难不打乱仗，冷静面对，善判全局，快速反应，迅速处置，才能在最短的时间内让事故得到妥善处理，将影响降到最低。

保证责任落实到位

安全管理责任

班组是企业科学健康可持续发展的基石，也是企业安全生产的第一阵地。随着新技术、新材料和新能源的不断采用，企业生产规模越来越庞大，生产形式也越来越复杂，生产过程中出现了许多新的安全、职业健康和环境保护问题，作业中的危险、有害因素也变得较为多变和较难预测。尤其是采掘、化工、石油、冶金、电力、交通运输和建筑工程等高危行业的基层班组，无论怎么强调安全管理都不为过。

班组长作为班组生产的直接指挥者，也是班组安全管理的第一责任人，在对待安全工作时必须做到常抓不懈，具体做法是：

班组长要成为安全管理的"放大镜"。 要瞪大眼睛，察言观色，班前看员工的精神状态，班中看员工的行为规范，班后看员工的言谈思想，时刻了解员工的思想状况，有针对性地做好员工的安全思想教育工作。

班组长要成为安全管理的"转化器"。 将企业的战略、政策、制度、操作要求等，结合本班组的实际情况，切实转化为员工的标准作业行为，时刻做好现场督导与行为纠偏。

班组长要成为安全管理的"婆婆嘴"。要不厌其烦地对员工讲安全、说安全，而且要反复讲、反复说，潜移默化地提高员工对安全的感知和认知。

班组长要成为安全管理的"侦察兵"。要细到安全责任落实上、细到规章制度建设上、细到每一道工作环节上，及时发现和排除隐患，确保一方平安。

班组长要成为安全管理的"黑包公"。坚定执行企业的规章制度，将安全预防措施落到实处，对"三违"行为绝不手软，绝不迁就。

质量管理责任

质量是企业的生命线。一家企业在消费者心中的知名度、可信赖度，都建立在对产品品质满意度的基础之上。如果没有过硬的质量保障，企业就无法在激烈的市场竞争中取得优势地位。

作为班组生产活动的组织者和指挥者，班组长必须对班组工作质量负责。

第一，加强对本班组人员进行"质量第一"的思想教育，认真贯彻质量管理制度和各项技术规定，开展质量管理小组活动。

第二，带领员工理解并实现本班组的质量目标，并将质量目标分解到每日、每人。

第三，严格执行工艺纪律，将作业标准化落到实处，严格落实关键点质量控制。

第四，熟悉本班组各岗位的操作规程，能够指导和培养新员工掌握相关的操作技能。

第五，组织好自检、互检和首件检查的活动，生产过程中适时进行巡检和抽查活动。

第六，组织有秩序的生产，保持文明生产，开展"5S"活动，创造良好的现场环境。

第七，对生产过程中的"人、机、料、法、环、测"（5M1E 分析法中的六个要素）等进行事前预防性的有效控制，发挥集体智慧，群策群力；对生产过程中出现的质量问题不断进行改进和完善。

第八，组织班组成员开展技术革新与合理化建议活动，搞好技术交流和协作，帮助员工练好基本功，提高技术水平。

第九，贯彻落实"三不"原则，不接受不合格品、不制造不合格品、不流出不合格品，班组长对不合格品出班组负完全责任。

第十，监督班组成员做好质量记录。生产现场的各种质量记录是质量管理的原始信息，也是质量分析与改进的依据，确保质量记录准时、及时、清晰，并得到妥善保存。

成本管理责任

成本是对企业生产经营状况进行有效反映的重要指标，一定程度上可以反映出企业经营活动的经济效果和企业经营活动的管理水平。企业在生产过程中的劳动生产率情况、物资材料消耗情况、设备利用情况、生产技术及工艺先进情况、产品质量情况等均间接或直接反映于成本中。自 2016 年 8 月国务院印发了《降低实体经济企业成本工作方案》

以来，国家发展和改革委员会同降低实体经济企业成本工作部门联席会议各成员单位，每年都要印发部署年度重点工作，2023年已是第7个年头，可谓持之以恒、久久为功。该方案在提出降低企业成本的一些政策性规定外，还提出要鼓励引导企业通过内部挖潜降低成本，增强经济可持续发展能力。

班组作为企业最小生产经营单元，需要消耗大量的材料、能源和工时，如何实现作业成本精细化，是班组长面临的重要问题。对此，班组长应该做到：

第一，引导班组全员建立精打细算的成本意识。从成本管理的主体角度来讲，全体员工既是成本费用的耗用者，也是管理费用的支出者，更是成本控制的管理者、监督者。企业成本控制不是某个部门的事，更不是某个领导的事，而是企业全体员工的事。因此，要培养全员精打细算的成本意识，让每个人在使用组织资源时，就像在使用自己的钱一样。

第二，构建班组全要素精细化成本核算机制。从成本构成上讲，企业经营中的各个要素都是必不可少的条件，有形资产（如资金、设备、材料、工具等）是成本，无形资产（如品牌、资质、技术、人才等）也是成本；工程直接费用（如人工费、材料费等）是成本，企业各级管理产生的间接费用也是成本。

班组长想构建好班组全要素成本核算机制，就要把班组生产经营的各个要素都纳入成本管理的范畴。一方面要尽可能精，将班组生产运行中所有的无效活动加以识别和消除，使有限的资源发挥最大的效能；另一方面要尽可能细，量化指标、细化责任、严格考核，确保成本管理全过程可控。

团队士气责任

对一个团队来说最重要的是士气,一个积极向上、充满斗志、团结友爱的团队往往有很强的凝聚力和战斗力。反之,一个士气低迷、牢骚满腹、钩心斗角的团队往往会引发各种问题,也不能创造卓越的绩效。

班组长作为一线执行团队的带头人,要提振团队士气、营造好的团队氛围,就需要做到以下几点:

第一,率先垂范,发挥榜样示范作用。班组长要时刻注意自己的一言一行,无论是在工作中还是在生活中,都要始终以正向思维、正向言语、正向行为、正向能量来引导和激励团队成员,要求员工做到的,自己要先做到。

第二,关心员工,营造和谐的大家庭氛围。当员工的情绪不稳定时,班组长要主动与其交流沟通,以便及时掌握其思想动态,对症下药、耐心开导;当员工有家庭生活经济困难问题时,班组长要发动班组成员一起想办法,让其感受到团队的温暖;当员工生病时,班组长要给予亲切的关怀和问候,以示安慰;当员工在工作中遇到困难时,班组长要给予悉心指导和帮助,让其消除顾虑,共同解决问题。

第三,适时组织班组团建活动。通过开展班组集体性活动,如体育运动、娱乐活动、聚餐活动、拓展活动、郊游活动等,增进团队成员之间相互了解和沟通,营建和谐友爱、轻松活泼、积极乐观的团队氛围。

综合绩效责任

彼得·德鲁克认为,对团体和每个人来说,组织精神的第一个要求就是有较高的绩效标准。绩效所不能允许的，是自满与低标准。因此，高效的管理者必定注重贡献，他会把自己的眼光朝向目标，并常问自己对组织的绩效和成果应有什么样的贡献。

班组长作为基层管理者，要对班组的综合绩效负责，主要考察三个方面的内容：

第一，提高班组生产的质量，重点放在产品数量、质量、速度、顾客满意度等方面。

第二，增强班组对其成员的影响，比如加速新员工成长、培育专家型人才等。

第三，提高班组的团队工作能力，以便将来能更高效地完成组织赋予的责任和使命。

案例链接
工作中没有补考

某位教授在一次培训课程中，对学生讲了很多企业管理中的真实案例。教授说道，在工作中要敢于展示自己的价值，要让领导看到自己的才能。讲到这里，有位学生拿出自己的求职简历交给教授，想让教授帮忙看一下这份简历是否突出了他的优势和才能。于是，征得本人同意，教授就把这份求职简历投影在投影仪上，让大家一起来点评。

大家看了该同学的简历，都大加赞赏，认为这份简历一定能打动招聘者。这时候，教授说了一句话："如果我是人力资源部经理的话，我一定不会录用他。"

教室里立刻安静下来，同学们面面相觑，十分茫然。

"为什么？"一位女生问道。

教授说："先不说这位同学的简历内容如何，也不管他的编排格式与字号，大家先看看这里有没有错别字？"

于是，全班同学都瞪大眼睛盯着求职简历，一行一行地查找错别字。

"找到一个。"

"又找到一个。"

"我找到了第三个。"

……

教授接着说："同学们，写东西首先要文通字顺，没有错别字。这份求职简历总共两页纸、几千字，竟出现了三个错别字！"

过了一会儿，教授又接着说："大家也许会说，这不算什么大事儿，改一下重新交上去就可以了。但是，我想告诫大家的是，工作中没有补考的机会！出了差错，你就必须承担相应的后果。"

【案例点评】

在学校，考试未通过一般会有补考的机会。但是，在工作中没有补考的机会。作为一线团队的管理者，班组长必须以高度的责任心对班组工作的结果负责，注意细节，保证质量。

转变落后管理意识

目标意识

目标于个人而言，就像一个导航仪，指导着人的行为和努力方向。

而目标于组织，是一切管理动作的起点和终点，即一切管理活动都是为了达成目标。

班组作为一个组织，是班组长和所有班组成员共同劳动的结合体。在班组中由于劳动分工的不同，各个成员从事各种不同性质的工作。班组长想要组织班组成员在分工的基础上团结协作，就必须把所有班组成员的行动统一起来，这样做才能保证生产劳动有计划、有成效地进行，这个统一的基础就是班组的目标。所以，一名合格的班组长首先要建立目标意识。班组长在从事计划、组织、领导和控制等管理职能时，班组的目标就是其管理的基本依据，同时是考核管理效率和成果的依据。

作为企业最基层作业单位，在企业组织目标分解到班组后，班组长就要根据班组特点做好分解细化工作。比如，先制定好班组任务目标，再将班组任务目标具体分解到岗位、落实到个人，并做好各种资源的配置和协调工作。只有这样，才能集中一切力量，调动一切积极因素，按时、优质、高效地完成生产任务，实现企业下达给本班组的各项任务目标。

责任意识

责任，是驱动一个人成长的加速器，也是检验一个人是否有担当的试金石。一个人要想胜任班组长的管理岗位，就必须主动培养责任意识。班组长的责任意识就是根据班组长的管理岗位要求，自觉地承担相关义务。在生产任务面前敢于承担责任，在突发事件面前能够冲在前头。班组长有了责任意识，遇到困难就不会总想着回避，而是敢于面对困难，想方设法地解决问题、化解矛盾。

班组长的责任意识，应体现在以下三个方面。

对班组负责。不管班组长是否脱产进行管理，自当上班组长之日起，就要对班组的管理结果负责。事前，有目标、有计划、有决心、有办法，准备把事情做好；事中，有能力根据情况的变化进行处置，能够及时采取各种措施把事情做好；事后，敢于对结果负责，对班组安全、生产、质量、交期、人员等各项经营指标负责。

对企业负责。班组是企业的基石，班组管理是企业战略的具体实施过程中关键的一环，也是企业管理的基础。班组长要想完成生产和管理任务，就必须管理好现场，确保各项生产经营活动处于良性运作状态。

对员工负责。班组长应该是员工的良师益友。要让员工安心工作，就要关心他的思想动态和内在心声。尤其是新来的员工，他们远离亲人，对周围环境不熟悉，班组长要把关爱从工作时间延伸到工作之外的生活中去。同时，在工作上要帮助新来的员工快速成长，传授他们业务知识和技能，引导他们形成良好的职业习惯和工作作风，培养他们成为合格甚至优秀的人才。

团队意识

乔恩·R.卡岑巴赫与道格拉斯·K.史密斯在《高效能团队：打造卓越组织的方法与智慧》中指出："团队是拥有不同技巧的人员的组合，他们致力于共同的目的、共同的工作目标和共同的相互负责的处事方法。"

班组作为企业一线的执行单元，相当于一个由多个成员组成的团队，每个成员的工作都对班组经营目标的完成发挥重要作用。作为班组长，在日常工作中不能一味地"瞎忙"，而要善于整合团队的力量，尽可能发挥每一个班组成员的才华和优势，做到人尽其才，发挥出1+1>2的团队合力。

一个真正有团队意识的班组长，通常都能抓住以下要领，让自己的工作顺畅，井然有序，并有效地达成任务与目标：

第一，充分了解班组的职责与工作目标，并适时地与班组成员进行沟通，以达成共识。

第二，厘清班组成员各自的优势和短板，了解每个人的特点，并根据工作任务进行合理的分工。

第三，知道如何区分事情的轻重缓急，对于每一项重要的任务，能事先做好团队内部的沟通协调工作，消除因信息不对称造成的团队内耗或配合不当。

第四，随时注意观察班组成员的表现，引导其相互尊重、相互认可、相互包容、相互支持，强调团队合力，注重整体优势，远离个人英雄主义。

强调团队合作，并不意味着否认个人智慧、个人价值，个人的聪明才智只有与团队的共同目标一致时，其价值才能得到最大化的体现。成功的团队提供给团队成员的是尝试积极开展合作的机会，而团队成员所要做的是，在其中寻找到对他们来说真正重要的东西——乐趣——工作的乐趣及合作的乐趣。

问题意识

只要有人的地方，就会产生和制造问题。班组长作为生产现场的第一管理者，也是发现问题、分析问题、解决问题的第一责任人。优秀的班组长通常能够变问题为机会，并将问题转化为管理资源，引发团队成员对问题进行反思和讨论，并在问题分析和解决的过程中，潜移默化去影响人、教育人、改造人。

那么，班组长如何做到变问题为管理资源呢？可以采用以下"三现法"。

到现场。工作现场最容易暴露企业在管理中存在的缺陷或漏洞，作为班组长要及时掌握一线工作情况，发现存在的问题，并把工作现场当成教育影响员工的第一培训现场。

抓现事。事是人的镜子。工作中的每一件事都是可评价和可分析的，背后都反映出员工的价值观、思维方式和行为标准。因此，抓现事就是最好的教学案例。

讲现课。很多时候，讲道理不一定能马上取得效果，但讲身边人身边事，往往更有说服力。班组长作为员工的第一榜样、第一教练、第一示范，必须有意识地捕捉工作中的问题点、改善点、冲突点等，并以讲现课的方式对员工进行引导和培养，这本身就是带队伍的过程。

另外，班组还可以通过"每日一问""每日一思""每日一案例"等活动，提高员工主动发现问题、分析问题和解决问题的敏锐度，将问题管理日常化。

管理意识

管理意识，是指管理者能够自觉运用科学管理的思想方法和原理原则去认识、分析和解决管理问题，在长期的实践过程中形成的一种特殊的智慧、欲望和冲动。

虽然"管理"一词,"管"在前、"理"在后,然而管理的逻辑却是要先"理"后"管"。比如,班组长在日常管理中,一定要先厘清以下内容:本班组在企业中的职能是什么?本班组承担的经营指标有哪些?本班组的工作特点、人员特点、倒班特点是怎样的?本班组面临的主要问题是什么?在班组管理中具体要抓哪些方面?采取什么方法更容易实现班组目标?如何让班组更有凝聚力和向心力?如何调动每一个班组成员的主动性和创造性?

总之,班组长要想管好一个班组,既要厘清楚"事",更要管明白"人",既要注重管理方法的科学性和实操性,也要注重管理技巧的灵活性和变通性。

加强修炼自身素养

班组长是班组生产管理的直接指挥者和组织者,是企业最基层的责任人,同时是参与作业活动的劳动者。班组长的使命包括:提高产品质量、提高生产效率、降低生产成本、防止工伤事故发生、凝聚团队士气等。为了更好地完成生产任务和开展各项管理活动,一名优秀的班组长一般应具备三个方面的核心素养:品质素养、专业素养和管理素养。

品质素养

品质素养主要指一个人在政治思想、道德品质、工作作风等方面体现出来的基本素养，比如责任心、率先垂范、诚实守信等，这些素养是成为一个合格班组长的必备底层素养。如果一个人的品质素养不合格，那么即使他的专业能力和管理能力再强，也不是一个合格的管理者。正所谓"有德无才是次品，有才无德是危险品，无德无才是废品，有德有才是上品"。

作为一名合格的班组长，最重要的品质素养是率先垂范和责任心。

1. 对率先垂范的解读

【定义】能够以身作则，以榜样示范的力量带领班组成员践行企业精神及核心价值观，引导团队正向思考、正向行为，传递正能量（见表2-1）。

表2-1 对率先垂范的解读

级别	行为描述
基准	• 认同企业文化及核心价值观 • 不传递负能量，不散布负面言论，不做有损企业形象和声誉的事情 • 践行企业文化理念及价值导向，并能自觉管理自己的言行举止
达标	• 认同企业文化及核心价值观，并能阐释其内涵 • 以身作则，在工作中时刻践行"严、慎、细、实"的工作作风，发挥榜样示范作用 • 积极宣传企业文化理念及价值导向，对班组成员的思想和行为保持关注，对班组成员的负面思想进行及时引导和纠偏
期望	• 深度认同并践行企业精神及核心价值观，充分发挥榜样示范作用 • 时刻以言传身教的榜样力量，引领班组成员践行"严、慎、细、实"的工作作风 • 引领班组成员关注身边人、身边事，通过现人现事的案例教学方式，引领团队正向思考、正向行为，传递正能量
引领	• 能用自身行为诠释企业精神及核心价值观，并有代表性案例 • 引领班组成员践行"守正、创新、奉献、匠行"的企业精神，并形成故事化传播力 • 被授予地市级以上"劳动模范"或者"全国优秀班组长"等荣誉称号，形成个人影响力，并彰显企业文化

案例链接
刘班长的四个"在前"

刘强当班组长已经五年了，他在团队成员心目中具有极高的威信。他认为，想要成为一名优秀的班组长，最重要的就是要做到四个"在前"。

勇于担当做在前。作为一名班组长，我始终保持着旺盛的工作热情，同班组成员一道努力完成各项生产任务。凭着满腔热情、精湛技术、拼搏斗志，使我们班组成长为一支敢啃硬骨头、敢打硬仗、勇挑重担的"钢铁"小分队。在基层班组，榜样的力量是无穷的，有敢担当的班组长才有敢担当的员工。班组长必须高标准做好自己的本职工作，只有这样才能产生影响力，员工才服你，才能把班组带好。

钻研技能学在前。班组长不仅要"以理服人"，还要"以技服人"，"集众人所长，补己之短"。我常常利用工作间隙不断学习、努力钻研，使自己的技术在车间内始终处于领先水平。

协调配合想在前。作为班组长要尽可能地把问题考虑周全，对已经发生的问题要及时解决，更重要的是要在问题发生之前做出预判，尽量防范问题的出现。想要解决各种问题，并协调好方方面面的关系，良好的沟通能力就显得尤为重要。对待同事必须真诚，无论是在生产还是生活中，同事们遇到什么困难我都会热心帮助他们解决，晓之以理，动之以情，了解他们的真实想法，化解他们的烦恼，让他们轻装上阵，干好工作。

敢于拼搏冲在前。我们班组全年不停班，全天24小时现场必须有人。作为班组长，我常常不能准时上下班，随时有可能被叫回厂里。

对于我来说，时刻准备着，只要工作需要，随时进厂工作。现在工作已成为我生活的主题和精神依存。班组成员在我的带领下，也得到了长足的进步，成为优秀的员工。

【案例点评】

做在前、学在前、想在前、冲在前，四个"在前"充分体现了一个班组长率先垂范、以身作则的榜样示范力量。也正是因为这样，员工看样学样，该班组才成为一支"敢啃硬骨头、敢打硬仗、勇挑重担"的"钢铁"小分队。

2. 对责任心的解读

【定义】认识到自己的工作在组织中的重要性，把实现组织的目标当成自己的目标（见表2-2）。

表2-2 对责任心的解读

级别	行为描述
基准	• 对自己的工作有清晰的认识，知道其工作的重要性 • 能从工作中获得满足感，任劳任怨 • 能对工作的结果负责，对团队目标的达成负责
达标	• 对自己的工作有比较充分的认识，工作比较投入，比较热情 • 能从工作中获得较大的满足，能为实现团队的目标而付出自己的最大努力 • 有较强的自我实现意识，愿意接受挑战，对自己有较高的标准，对于出色完成任务取得工作成果有较强烈的渴望
期望	• 能够与企业或团队共患难，心怀全局，在个人利益和组织需要发生矛盾时，愿意做出一定的自我牺牲 • 热爱自己的工作，致力于工作的持续改进和自我提升 • 能够不拘泥于工作本身，经常对工作中的问题进行思考，提出建议
引领	• 强烈的企业主人翁意识，充分认识到自己工作的重要性，全情投入 • 在工作中获得极大的满足与成就，能把工作当成使命 • 与企业共进共赢，不断追求卓越，不满意现状，始终把搞好团队管理、创造更大的成就作为自己的奋斗目标

> **案例链接**
> **工作中容不得半点马虎**

某日，运行人员现场巡视发现，甲设备轴封泄漏水已淹没乙设备测量探针，但开关再次出现未预期触发问题。收到运行人员的反馈信息后，仪控部班组长A、员工B和机电部班组长C三人意识到简单的线性思维已经无法应对眼前的问题。经过讨论分析，三人厘清思路，根据Error-Free故障排查流程，在搜集了大量的DOOM数据后，通过对症状特性的检查分析，列出了乙设备可能的失效模式，重新制定出了新的排查方案。三人通过在办公室搭建试验平台，在现场多次蹲点进行数据搜集类比及验证，最终确认乙设备未预期触发原因为丙设备全停检修，乙设备投运第3路轴封水SER后，泄漏水电导率变为0所致。

【案例点评】

A、B、C三人在故障定位的过程中，正是以高度的责任心，抽丝剥茧，层层分析，最终成功定位乙设备未预期触发的根本原因。

在岗一分钟，责任六十秒。班组长的责任意识是其作为管理者的必备素养。我们必须以高度的责任心对自己工作的结果负责，如果因为责任心的缺位导致工作的失误，就没有任何理由寻求原谅！

专业素养

专业素养是指胜任本职工作必须具备的专业理论知识及专业技术能力。一个合格的班组长必须具备较强的业务能力。因为只有自己精通业务，才能在工作中指导员工，有助于维持正常的生产活动，及时向上级提供建议，这是班组长开展工作时必须具备的能力（见表 2-3）。

表 2-3 对专业素养的解读

级别	行为描述
基准	• 了解本班组的基本业务和作业场景 • 了解本班组必知必会的专业知识、行业知识、质量安全知识及相关政策法规等 • 能够用专业知识和技能解决工作中的常规问题
达标	• 熟悉本班组的各类业务和作业场景 • 熟悉掌握本班组应知应会的各类专业知识、行业知识、质量安全知识及政策法规等 • 能够用专业知识和技能解决工作中较为复杂的问题，并在众多专业建议中使自己的提议脱颖而出，能够被执行
期望	• 精通本班组的各类业务和作业场景，对各岗位均能起到专业指导作用 • 关注本行业专业领域的最新发展情况，并持续更新迭代自己的知识和技能 • 能将自己的专业知识和经验体系化，形成可传导的专业工作体系，能带领班组成员解决工作中的复杂问题
引领	• 成为本专业的领军人物，能够引领团队攻坚工作中的复杂问题 • 具备学术研究能力，并通过发表原创性专业文章来推动行业发展 • 在行业内具备专业权威影响力，成为业内对标的工匠型人才、专家型人才

案例链接
秦班长的破茧化蝶之路

秦班长是某供电公司一名配电带电检修工。提起秦班长，同事们和许多客户都说他"心性纯朴干练，办事有板有眼"。他带领的带电班多次被评为公司先进班组，不仅安全、经济、高效地完成了各项生产任务，而且攻关解决了多项技术难题，曾被授予"青年文明号"荣誉称号。秦班长本人曾连续多年被评为先进工作者和青年岗位技术能手，曾两次荣获劳动奖章。

回忆自己的成长之路，秦班长感慨万千。他进入供电公司后，最开始的工作是配电运行检修班的停电作业工作。他回忆说，那时装备简陋，在电线杆上爬上爬下很累，并且算是高空作业，还是有点小风险的。当时他是由师傅带着工作的，对师傅充满了一种敬畏感。师傅很严厉，像老式家庭里的家长，如果在工作时稍有懈怠或者干活态度糊弄，就会被不留情面地训斥。肯学、肯上进的秦班长，就是在这样的环境下慢慢掌握了技术，并且养成了一种细致认真、力求完美的工作作风。

进入配电带电作业班，对他来说又是一个新的起点，为了提高自己的业务水平，他经常利用业余时间刻苦学习，查阅大量的带电作业技术资料，还做了详细的读书笔记，并与同行们进行了无数次的讨论和实践，积极探索10kV配电线路突发事故的带电抢修安全技术。值得一提的是，他还自行设计了新的带电作业车库和带电作业绝缘工具房，从基建图、设备安装图到工具架样式、规格，都亲自绘出图纸。同时，他还编制了10多种带电大纲和作业指导书，编写了《10kV带电作业操作规程》等规章制度。

在工作中，秦班长始终强调理论联系实际。他经常利用休息时间，一条一条线路地巡视，一个一个台区地检查，不断熟悉掌握配网的设备和线路情况，不但对配网情况心中有数，而且有的放矢地开展工作，收效显著。

秦班长身上还有一种不服输的精神，总是能沉下心来刻苦钻研，并且虚心向有经验的师傅请教学习，力求精益求精。在城网改造中，他带领配电班人员对给水线旧机场台区进行改造，成为当地电业局的样板工程；参与了某市城网改造的全过程，编制改造方案20多个；解决单位线损计算技术、10kV线路理论线损计算、0.4kV线路理论线损等计算难题；为了保证带电作业的安全与质量，他组织改进带电作业工具10余件，没花一分钱便有效提高了安全系数和操作速度与质量，树立了优质供电的良好形象，为企业节省资金30多万元。

在诸多荣誉面前，秦班长平静地说："学习没有码头，技术没有岸边。'点亮万家灯火、服务百姓生活'是我们配电检修班的责任。我们的工作没有终点，只有起点，要永远努力工作，不断钻研技术，用更好的服务、更新的成果，为电力事业再立新功。"

【案例点评】

秦班长从刚步入工作的电力新人，到成为一名不可多得的专业技术带头人，不仅因其扎实而系统的专业理论学习和刻苦钻研的精神，更因其在日积月累的工作实践中的经验沉淀和悉心梳理。

班组长在业务精进之路上，也应像秦班长一样，秉持"以实践为师、以问题为师、以工友为师"的理念，持续精耕细作，不断超越昨天的自己。

管理素养

班组长作为基层管理者，不能只是会做，更要会管。下面是我们总结的班组长必须具备的五大核心胜任力，包括：工作统筹能力、情境沟通能力、问题解决能力、学习创新能力和团队建设能力。

1. 对工作统筹能力的解读

【定义】为确保组织目标的达成，通过采用创新性的方法、严格规范的管理行为，高效率地制订计划、推进落实、跟踪指导，并最终取得成果的能力（见表2-4）。

表 2-4 对工作统筹能力的解读

级别	行为描述
基准	• 基本理解组织及领导的意图，明确工作方向和任务要求 • 能够将组织及领导的指示与意图较好地传递给班组成员 • 能够盘整内外部资源，制订班组工作计划，并推动计划的落实执行
达标	• 准确理解组织及领导意图，就工作思路与方法主动与上级进行反馈与确认 • 能够将组织及领导的指示与意图精准地传递给班组成员，并对大家提出的问题进行答疑解惑，确保信息对称 • 能够盘整内外部资源，制订周密而有效的班组工作计划，并对计划的实施保持跟踪和监控
期望	• 能够精准理解组织及领导意图并清晰地传递给班组成员，调动员工积极性 • 在推动班组各项工作进展上起重要作用，在任务分配中充分考虑员工的性格特点、优势和短板，做到心中有数 • 对于计划的实施有强大的推动能力，并在计划实施过程中，能根据执行效果进行及时反馈和指导改进
引领	• 能精准理解组织及领导意图，并转化为可落地、可执行的行动方案 • 卓越的计划制订与推行能力，积极调动各项资源和团队力量，克服工作过程中的各种困难及障碍因素 • 在计划落实过程中全程监控，细节把控到位，风险防控到位，责任落实到人，并能够创造性采用一些科学的方法，持续提高工作效率与质量

案例链接
如何打好这场硬仗

某风电场曾获"中国美丽电厂"荣誉称号。该风电场下辖运行和检修两个班组。检修班负责全场152台风机、152台箱变、12条35kV场内集电线路、2条110kV送出线路及2座110kV升压站的检修维护工作，在保证整个风电场安全稳定运行中发挥了重要的作用。

某年年初，十几年一遇的雨雪天气造访了该地，致使刚投运不到

第二章
高效能班组管理中班组长的四大必备能力

半年时间的风电场多条线路跳闸、风速仪结冰、风机大面积停运。由于风电场投运时间短，应对突发的雨雪冰冻天气毫无经验而言。而冬春两季是一年之中风况最佳的时段，必须想尽一切办法尽早恢复风机运行，为公司挽回停机带来的电量损失。同时要避免因停机时间过长造成风机叶片严重结冰的情况，尽早消除安全运行隐患。

作为基层班组长，必须迅速调动起全班组人员的积极性，尽快让停运的设备恢复运行。在班组长的鼓舞和带领下，检修班全体成员克服山区道路崎岖、车辆无法通行的困难，顶风雪、冒严寒，协同厂家服务人员分成多个小组分头处理风机故障，人均每天负重行走五六公里山路。他们饿了就吃干粮，渴了就喝冷水，有时甚至从早到晚只吃一顿热饭，遇到需要登塔处理的故障都抢着上……就是这样一支过硬的队伍，一路攻坚克难，连续奋战了3天，终于使所有故障风机恢复运行，确保了大风期的良好发电效益。

在事件的处理过程中，最困难的是交通问题。驾驶员普遍没有雨雪天气的驾车经验，且防滑链配备不足，部分坡度较大的路段无法前行，检修人员只能通过徒步行进的方式到达机位。而风电场又属高原山地风电场，海拔在2800~3300 m，负重行进和攀爬风机作业需要耗费大量的体力。而且有效工作时间较短，后勤补给又不能及时送达，检修人员主要靠班组长的精神鼓舞和自身顽强的毅力完成任务。

在此过程中，检修班制定了严谨科学的解决方案：

首先，科学判断当前形势，以抢发电量为原则制定抢险方案。在第一时间收集故障录波、继电保护动作报告等资料，分析线路跳闸原因。在外部环境复杂，不能开展巡线工作的情况下，通过试送电的方法争取尽快恢复线路运行，以免线路覆冰将故障范围进一步扩大。

其次，结合现场实际情况，牢固树立"效率第一"的原则，按照先易后难的顺序安排工作，合理安排检修人员。结合风机所在位置、故障类型、复杂程度等情况将检修人员和厂家服务人员分成多个故障处理小组，采用划片包干的方式将故障处理任务分解到各个小组。

最后，以抢险动员会、经验总结会等方式，明确任务、分享经验、鼓舞干劲，进一步推动抢险工作进行。出发前由班组长组织召开抢险动员会，晚上回到营地后再次召开情况通报会、经验总结会，各小组分享抢险经验，同时开展对标评比，以激发检修人员的积极性，推动故障处理效率的提升。

经过全场人员的共同努力，跳闸当天35kV场内集电线路恢复运行，3天内恢复所有故障风机运行，将停机损失降到了最低。

【案例点评】

作为一名基层的班组长，将会面对很多突发情况。如何处理紧急的突发事件，考验的不仅是班组长个人的专业技术能力，更是考验班组长的现场组织协调和工作统筹能力。首先要保持冷静，仔细分析当前的形势，然后科学、合理地制定解决方案，安排合适的人员进行相关工作，并辅之以一定的激励措施，以促进任务的完成。

2. 对情境沟通能力的解读

【定义】通过沟通妥善处理与上级、平级以及下级之间的关系，促成相互理解，获得支持与配合的能力（见表2-5）。

表 2-5 对情境沟通能力的解读

级别	行为描述
基准	• 重视沟通，愿意与人建立联系 • 在遇到沟通障碍时，能够以积极心态和不懈的努力对待冲突和矛盾，而不是强权硬压或回避 • 能够表达自己的思想、观点，但不够精准、简洁、清晰
达标	• 愿意主动沟通，与工作中的各方保持密切联系与良好沟通 • 能以开放、真诚的方式接收和传递信息，知道交流的重点，并能通过书面或口头的形式表达主要观点 • 尊重他人，能倾听别人的意见、观点，并愿意就对方疑问做出及时回应，确保信息的准确表达和互动
期望	• 能用清楚的理由和事实支持自己的观点，并能把控好自己的情绪 • 善于倾听，适当提问以获得对信息的准确理解，并适时地给予反馈 • 能与上下左右做好沟通，并根据需要灵活调整沟通策略，促进其相互理解，获得他们的支持与配合
引领	• 能够精准表达，保持沟通清晰、简洁、客观，且切中要害 • 能够针对不同的沟通对象，灵活运用倾听、提问、反馈、确认等沟通技术，确保沟通的高效性 • 能够通过有效沟通化解工作中的障碍与阻力，促使团队达成共识，并与相关方保持友好互动关系，获得他们的主动支持和配合

案例链接
指标亮红灯引发的争执

某电厂一个班组在工作中，因为指标亮红灯的问题，和日常协调工程师发生了冲突。班组长认为指标亮红灯是受外部因素影响才产生的，不是自己班组的责任，自己的班组一直在等备件。日常协调工程师则看到指标不对，直接亮了红灯，理由是公司现行制度是主体责任制，这项工作归在这个班组，不管是什么原因导致的，这个班组都应该承担主体责任。班组长认为这样归责不合理，突然爆发情绪，双方发生争执。

班组长情绪平复后，日常协调工程师对其进行了解释说明，这样统计是从整个电厂的统计指标角度出发，指标统计全部都承接于电厂，电厂按照这种主体责任标准来统计，工单在哪个部门，责任就在哪个部门，不管过程中受到哪些因素（如采购配件、商务合同晚签、替代申请需求晚发等）影响，主体责任单位都有义务和责任推动达成预期的效果，否则指标出现在那里，日常协调工程师还是要统计的。同时澄清了班组长担心的考核问题，虽然指标出来后确实亮了红灯，但实际上并没有记到考核里，只是做了相应的统计。

【案例点评】

沟通是为了达成共识和解决问题。本案例中的争执双方，在遇到沟通障碍时，都能够平复情绪，以积极心态对待冲突和矛盾，而不是强权或回避，最终化解工作中的障碍与阻力，促成团队达成共识。另外，沟通是互动的过程。一方面，沟通双方要尽可能表达自己的思想和观点，确保信息能双向流动；另一方面，沟通中双方要试着换位思考、理解对方，争取获得他人的主动支持和配合。

3. 对问题解决能力的解读

【定义】 运用思维、规则、技术方法及一定的程序方法等，对客观问题进行分析并提出解决方案的能力（见表2-6）。

表2-6 对问题解决能力的解读

级别	行为描述
基准	• 能够发现一般的显性问题 • 能够根据必要的事实、信息、数据等，得出合理的结论 • 能够依据公司相关制度和流程初步解决问题，并考虑正反两个方面风险以及影响等因素

续表

级别	行为描述
达标	• 能够根据自己的专业知识和经验发现隐藏的问题 • 具备一定的问题分析能力，能找到问题发生的直接原因和间接原因 • 能够根据问题产生的原因，探求解决问题的途径，并找到答案，可以较好地解决问题
期望	• 有较强的预见性，可以准确预测事物发展及工作推进中的各种问题 • 能归纳总结问题发生的规律，可以指导提高他人发现问题的能力 • 解决问题过程中，充分考虑不同的意见、选择，不带偏见，认真评估风险，找到问题解决的最优方案
引领	• 引导班组成员树立问题意识，对工作中的苗头性问题、潜在性问题保持敏锐的洞察力，并把问题作为管理的资源，强调"以问题为师，以实践为师" • 能够灵活运用多种工具和方法，比如鱼骨图、问题树、头脑风暴法、群策群力法等，引导团队高效而精准地分析问题，科学而创造性地解决问题，从而提升团队解决问题的整体能力 • 围绕某个问题的解决，形成同类问题解决的方法论，注重显性经验梳理和价值沉淀，并引导班组成员做到以小见大、举一反三，并从本质层面预防同类问题的再次发生

案例链接
对"生产异常波动"的分析与再分析

合成氨装置是典型的高温、高压、易燃、易爆和有毒、有害气体密布的大型化工装置，操作难度很大。因此，如何有效提高班组成员的操作技能，特别是装置"生产异常波动"状态下的应急处置能力，是确保装置长周期安稳运行的关键。

某年11月的一天，某控制室操作人员（内操）发现甲醇洗单元二氧化碳解析塔塔底液位突然升高，并呈现快速上涨的趋势，如果不及时控制，会引起整个系统工况紊乱。内操人员迅速将液位控制阀（蝶阀）切换为手动控制，缓慢打开阀门，但液位仍继续上升。现场操作人员（外操）迅速赶到现场核对液位控制阀实际阀位，发现开度只有

15度，初步判断为该控制阀故障，随即用现场手操器打开阀门。经过一系列操作，工况逐渐趋于稳定。仪表专业人员更换阀门定位器后，该液位控制阀恢复正常。

回顾这次事件，该班组能够迅速、平稳地处理这起"生产异常波动"事件，得益于他们日常的"纸上谈兵"——对"生产异常波动"的分析与再分析。一直以来，该班组受安全生产责任事故中"四个不放过"要求的启发，积极开展了对"生产异常波动"的分析与再分析活动。即组织班组成员对本班组发生的"生产异常波动"及时进行总结和反思，分析找出"生产异常波动"发生的直接原因和操作上的漏洞，对兄弟班组或其他装置发生的"生产异常波动"进行再分析，以举一反三，吸取教训，总结经验。

对"生产异常波动"分析的具体实施步骤为以下五步。

实景再现。客观准确地描述"生产异常波动"的详细经过，记录时间、位置、报警记录、调整及处理过程、对外联系等详细信息。

原因查找。集思广益，利用头脑风暴法，引导班组成员罗列出操作、管理、硬件设施等各方面原因，再逐一进行排除，力争找出"生产异常波动"发生的真正原因。

制定措施。针对最终分析，以及查找出来的"生产异常波动"发生的主要原因，制定相应的整改措施或对操作规程提出改进建议。

成果固化。班组长对班组成员进行抽查，要求班组成员复述"生产异常波动"事件发生的主要原因、整改措施等内容，巩固分析效果。

经验共享。将班组对该起"生产异常波动"事件的分析记录表在运行部内部局域网上公布，实现经验共享。

对于发生在兄弟班组或其他装置的典型"生产异常波动"事件，

则在学习的基础上，按上述步骤进行再分析。

自开展"生产异常波动"分析活动以来，该班组成员的实际操作技能、应急判断处理能力明显提升，先后成功处理空压站单台机组跳停、空压机导叶卡故障、甲醇泵机械密封泄漏等重大"生产异常波动"事件，为装置安全平稳运行提供了保障。

【案例点评】

找不到问题产生的根本原因，问题就很难被真正解决。工作中发生的问题，班组长要引导班组成员集体反思，务必多问几个为什么，直至找到根本原因。本案中该班组将"生产异常波动"分析活动常态化，将发生在本班组或兄弟班组的典型"生产异常波动"事件案例化，引发团队思考，不仅激发了员工的主动性和参与性，也促进了员工对业务知识的学习，提升了班组的应急判断与处置能力。

4. 对学习创新能力的解读

【定义】构建班组常态化学习机制，帮助班组成员持续提升专业知识和技能，并推动班组日常问题改善与创新，以适应新观念、新形势发展的要求（见表2-7）。

表2-7　对学习创新能力的解读

级别	行为描述
基准	・能有意识地学习一些新知识、新技能，接受企业给予的培训 ・愿意就自己不明白的问题向专业人员请教 ・经常性地总结一些工作经验，认为不断学习是职业生涯中重要的一环
达标	・对新知识、新技术、新工艺保持关注，并乐于尝试新方法 ・引导团队开展定期学习与培训，阶段性组织班组成员进行经验交流和反思 ・当工作内容发生变化时，积极主动弥补自己缺乏的知识与技术，将工作视为重要的学习过程

续表

级别	行为描述
期望	• 有强烈的学习进取心，对于新技术、新领域保持高度的热情，提倡在发展中不断学习，在学习中不断促进发展 • 在班组内部构建常态化学习机制，注重内部知识和经验的积累及传授，如组织员工开展"人人都讲一小课""案例分析会""微课堂"等 • 关注工作中的问题改善，积极开展技术革新、提合理化建议、"五小"改善、QC活动等，全年形成不少于3个创新改善成果
引领	• 建立"工作学习化，学习工作化"的理念，构建班组内部"比、学、赶、帮、超"的良性竞争文化 • 班组学习主题有计划，学习形式多样化，学习效果有评价，并且沉淀了班组知识库、小课库、案例库等典型学习资源 • 通过建立攻关团队、创新小组、劳模工作室、专业技术协会等形式，为员工创新创效搭建平台，并获得企业级以上创新成果，且在本企业、兄弟企业或集团有典型推广价值，或者获得行业内成果认定

案例链接

人人都讲一小课，促进业务精进

为了提升员工业务能力，某企业在班组内部组织开展"人人都讲一小课"活动。即：班组成员在班前会、交接班会或学习例会上轮值讲一小课，小课主题紧扣业务，紧密结合岗位，内容涉及专业知识技能、改善点、创新点、经验点等方面。这种学习形式颠覆了传统"学以致用"的理念，强调"用以致学"，通过轮值分享的形式，推动了"人人为师、人人学习、人人精进"的学习文化和氛围。同时，这种学习方式也克服了传统定时间、定地点、定对象的集中培训的劣势，体现了从集中式学习转向碎片式学习，从课堂上学习转向工作场所内学习，从被动式学习转向主动式学习的特点。

"人人都讲一小课"活动的开展，不仅为员工搭建了业务交流的机会、经验分享的平台，也有效提升了员工的表达能力和知识输出的能力。更重要的是，通过一小课分享，让一线员工的知识、经验和技能得以转化沉淀，促进了隐性经验显性化、个体智慧共享化。仅2020年，该企业班组共计产出小课815堂。

【案例点评】

"人人都讲一小课"是班组常态化学习机制的一种体现。其学习的内容更加聚焦班组业务所需，弥补了公司培训不能照顾到每个班组特定需求的不足；"人人都讲一小课"体现了以实践为师、以工友为师、以问题为师、以案例为师的学习理念，有效助推了"工作学习化，学习工作化"的深度融合；"人人都讲一小课"还可以将员工身上的隐性经验进行挖掘和梳理，实现典型经验共享，推动了班组成员之间互帮互促、共进共赢。

5. 对团队建设能力的解读

【定义】通过各种管理手段和方式方法，调动班组成员的积极性和主动性，激发其内在潜能和工作热情，打造一支有凝聚力和战斗力的团队（见表2-8）。

表2-8　对团队建设能力的解读

级别	行为描述
基准	・对班组成员有一定的了解，会偶尔关怀下属 ・会营造团队协作的气氛，对班组目标有清晰的了解 ・会开展一些团队活动，增进班组成员的内在凝聚力
达标	・能够有效地识别班组成员的优势、劣势，帮助其找准自己的位置，令他们发挥所长 ・通过各种团队建设活动增进班组成员之间的相互了解，以开诚布公的方式化解团队冲突与矛盾，注重团队内部利益分配的公平公正 ・时刻关注班组成员的思想动态，关心其工作和生活，能够让班组成员感知到自己是被支持和被需要的，建立团队内在认同感和归属感

续表

级别	行为描述
期望	• 能够以企业发展的大局视角，引导班组成员理解班组存在的意义 • 能够引导班组成员共建团队文化，对班组愿景、使命、目标及价值观有强烈的集体认同感 • 团队活动开展有内涵、有实效，班组成员之间相互支持、相互帮扶，在班组内部营造一种和谐共进的文化氛围，在遇到挑战性任务时，班组成员能够拧成一股绳，互相补位，共同克服困难，直到拿到成果
引领	• 团队文化有其独特的精神内涵，并已经印刻在每一位班组成员的心里，其独有的精神张力已经呈现出外在影响力 • 班组成员因团队而自豪，自动自发为团队荣誉而贡献自己的智慧和力量 • 卓越的团队管理能力，绝对的团队领袖，能够激发团队强大的凝聚力，并发挥团队最强的战斗力，使得团队能够战胜一切困难

案例链接
团队建设"六小招"

杨班长是某化工企业的班组长，为了提升班组的向心力、凝聚力和战斗力，他在工作中总结了"六小招"，取得了很好的成效。

第一招，定出"小规矩"。

制度管理是现代企业管理的方法之一，班组应根据企业的经营方针和规章制度，联系实际，制定出相应的班组管理制度和措施，以此规范班组成员的行为。为此，该班组制定了《班组十条"小家规"》《班组例会制度》《班组学习管理办法》《班组 5S 管理办法》《班组轮值管理办法》《班组奖惩管理办法》等制度规范，从而让班组各项工作更加有条不紊。

第二招，树立"小楷模"。

在班组里选拔素质好、能力强、文化高、业务精、能团结帮助人的员工作为"小楷模",用他们的言行举止感召人、鼓舞人,使他们在班组管理和生产活动中起到表率作用。为此,班组定期评选"安全之星""学习之星""分享之星""绝活达人""创新达人"等,不断营造班组成员之间"比、学、赶、帮、超"的良性竞争氛围。

第三招,开展"小竞赛"。

一般企业都是以年轻人居多,要关注他们感兴趣的内容和游戏形式,不时搞些形式类似的小型竞赛。比如,班组积极开展了安全知识竞赛、岗位技术比武、班组应知应会大比拼、最佳轮值委员评选等多种主题竞赛活动,有力促进员工技能的快速成长。这些竞赛并不需要准备特别贵重的奖品,员工需要的是认同和明确自己在班组中的位置。通过这种"小竞赛"的形式,不仅能促使技术好的员工由于强烈的被认同感而主动帮助后进员工,同时推动后进员工努力向前看齐,形成互帮互助、人人争先的好局面。

第四招,汇总"小积分"。

为了提高班组工作执行力,实现能者多劳,多劳多得,切实解决好"干多干少一个样"的问题,班组实施了个人积分制管理。积分包含多个方面,如工作执行力、日常工作量、培训学习工作、安全隐患排查、现场问题改善、班组荣誉贡献等多个维度,每日统计班组成员得分,并公布排名,月底汇总,积分与绩效奖金挂钩。这项措施进一步提高了班组成员的积极性,有效激发了全员的斗志。

第五招,开好"小聚会"。

要想让企业精神深入班组,让企业决策变成员工的具体行动,班组长就必须了解员工思想,同时要让班组中每名成员都能坦诚相待。这就需要班组长创造一个轻松、愉快的氛围。班组通过每月"小聚会"

的形式,组织全体班组成员聚在一起,及时了解每个人的思想动态和心理。员工之间产生了矛盾,也可以通过聚餐畅谈这种方式在轻松愉快的氛围中使其淡化。

第六招,做好"小公益"。

为了提升班组成员的精神境界,班组还会定期组织"小公益"捐款活动,以此提高员工的社会责任感,帮助他们形成更积极的价值观,更好地为企业和社会做贡献。

【案例点评】

团队建设的目的是调动班组成员的积极性和主动性,激发其内在潜能和工作热情,强化"1+1>2"的团队合力。团队建设的手段和方法可以灵活多样,本案例中杨班长通过"六小招",不仅让班组成员对本班组产生一种归属感、亲切感和责任感,也促使班组成员之间互帮互助,共进共赢,这样的团队才会迸发出强大的凝聚力和战斗力。

第三章
高效能班组管理的五大基础建设

第三章
高效能班组管理的五大基础建设

当前，我国经济发展已由高速增长阶段转向高质量发展阶段。高质量发展对企业的内在要求则是要有高标准、高质量的管理水平。班组是企业管理链条的最末端，抓好基层班组建设，在强基础、重管理、带队伍、塑文化上下功夫，真正打造出"理念先进、管理科学、队伍优秀、文化凝聚、绩效卓越"的高效能班组，能够更好地支撑企业未来的科学发展、安全发展、可持续发展和高质量发展。

在VUCA时代背景下，客户价值、快速响应、敏捷制造、生态联盟等已经成为企业竞争的方向。班组作为企业组织生产经营活动的"神经末梢"，代表着企业的终端生产力和前端形象。可以说，新时代班组建设已经成为企业固本夯基、提质增效、卓越发展的根本抓手，也是加快我国产业工人队伍建设，培养专业型人才、技能型人才和工匠型人才的根本着力点。已有越来越多的企业认识到班组建设的重要性，开展了各种形式的实践探索，并取得了一定的成效。

组织建设

组织力是班组效能的有力保障

在企业竞争中，最根本的还是组织力的竞争。企业制胜的根本力量也是组织力。组织的功能一定要大于子体（各个科室、班组、作业单元）功能的简单相加，否则，组织就失去了存在的意义。

随着科技的进步，劳动分工越来越细化。可以说，在现代社会，特别是大工业化生产中，个人一般不能独立完成生产工作。班组是企业的一级组织，是企业的细胞，其运作效能是企业组织力的"微观缩影"。

班组组织建设的关键点在于充分发挥每个成员的优势和特长，尽可能实现团队合力的最大化。一方面，班组长要结合人、财、物的匹配进行合理分工，做到人尽其才、物尽其用；另一方面，在人员配合、任务安排、责任协同等方面必须做到周密严谨，尽可能实现"1+1>2"的整体功效。

班组组织建设的三大原则

班组组织建设是班组建设的根基。班组组织建设要明确班组结构的设置以及相关人员的职务或职位，厘清班组的权、责、利，以及班组内各成员的责权关系，以使成员互相协作配合，优化资源使用，推进班组目标的有效实现。

除了正式的组织结构与权力结构，班组组织建设还包括非正式的

"班委会"建设，即根据班组业务特点和管理需要，灵活设置必要的功能委员会或功能小组，确保班组管理全员参与、人人有责、高效运作。

班组组织建设应坚持三个原则。

因地制宜原则。根据班组业务特点和管理需要，建立以班组长为核心的班组管理委员会，明确各委员的管理功能和管理动作，用"沟通"取代"命令"，用"自动自发"取代"被动执行"。

全员参与原则。人员少的班组，可以设置轮值委员，尽量让每个人都能参与委员轮值；人员多的班组，可以设置管理小组，比如安全管理小组、学习培训小组、成本管理小组、质量管理小组、文化宣传小组等。充分调动每个员工参与班组管理的积极性，让人人有责取代班组长一人负责。

协同互补原则。一个人的能力是有限的，能量是微弱的，只有班组成员之间相互配合、取长补短，才能实现"1+1>2"的整体功效。在团队的合作过程中，通过磨砺、分工、调节、配合、激励、反馈、监督等内部运作，不仅实现了每个个体能力的扩大化，也实现了团队效能的优化发展。另外，在团队协作效应作用下，会快速营造工作氛围、积聚共识力量、提升学习兴趣、激发员工创意、促进内部竞争，从而形成工作推进的紧迫感和责任感，最终促成团队目标的高效达成。

"班委"的设置与运作流程

关于"班委"的设置与运作流程，可以参考以下五个方面：设置

"班委"/小组，明确"班委"/小组职责及评价制度，"班委"评选与组建，"班委"履行职责，"班委"评价与激励（见图3-1）。

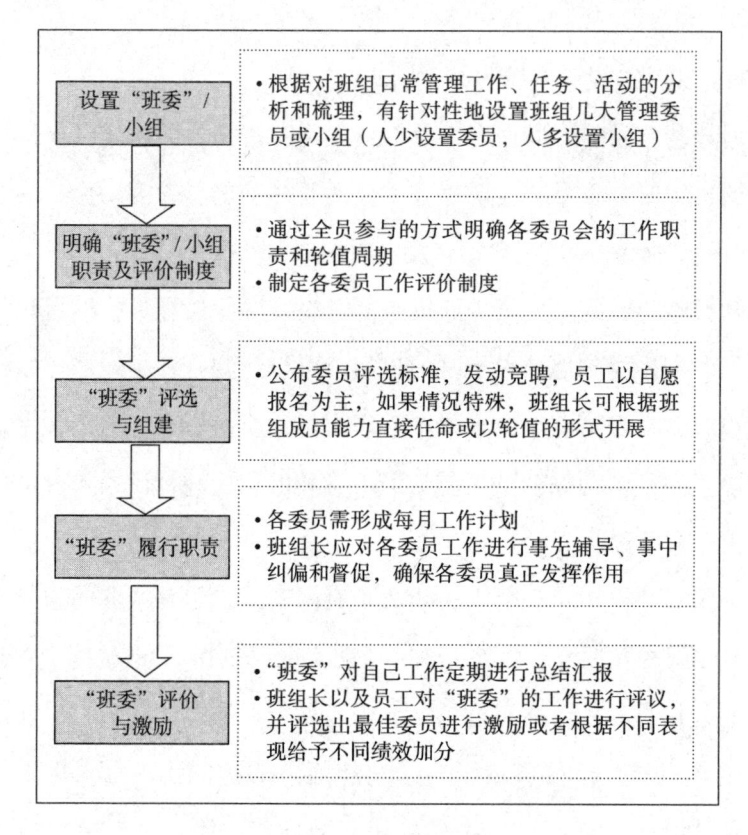

```
┌─────────────┐   ·根据对班组日常管理工作、任务、活动的分
│ 设置"班委"/ │    析和梳理，有针对性地设置班组几大管理委
│    小组     │    员或小组（人少设置委员，人多设置小组）
└─────┬───────┘
      ▼
┌─────────────┐   ·通过全员参与的方式明确各委员会的工作职
│明确"班委"/小组│   责和轮值周期
│职责及评价制度│   ·制定各委员工作评价制度
└─────┬───────┘
      ▼
┌─────────────┐   ·公布委员评选标准，发动竞聘，员工以自愿
│  "班委"评选 │    报名为主，如果情况特殊，班组长可根据班
│   与组建    │    组成员能力直接任命或以轮值的形式开展
└─────┬───────┘
      ▼
┌─────────────┐   ·各委员需形成每月工作计划
│"班委"履行职责│   ·班组长应对各委员工作进行事先辅导、事中
│             │    纠偏和督促，确保各委员真正发挥作用
└─────┬───────┘
      ▼
┌─────────────┐   ·"班委"对自己工作定期进行总结汇报
│  "班委"评价 │   ·班组长以及员工对"班委"的工作进行评议，
│   与激励    │    并评选出最佳委员进行激励或者根据不同表
│             │    现给予不同绩效加分
└─────────────┘
```

图3-1 "班委"的设置与运作流程

"班委"运作中的四大误区

第一，功能缺失，流于形式。无论是设置管理委员还是管理小组，其目的都是充分发挥其价值和作用，切实助力班组各项生产经营活动的高效运行。如果委员设置流于形式，那么不管委员设置几个，名称

起得多么有创意，都是没有意义的。

第二，职责不明，动作模糊。每个管理委员或管理小组必须有明确的职责界定和具体的管理动作设计。如果委员的职责不明，就无法强化员工的责任意识和管理意识，导致员工参与性减弱；如果动作模糊，员工就不知道"干什么，怎么干"，也无法形成各方有力配合、高效协同的局面。

第三，博弈内耗，本领恐慌。班组在设置管理委员和管理小组后，要根据员工的特点和优势进行轮值安排和动态调整。这期间必然有一段时间的调整和适应，作为班组长，要静观其变，注意观察每个人的思想动态和行为变化。随着员工能力的提升，有的人可能会出现"尽职懈怠"和"本领恐慌"问题，如果不能适时做出动态调整，那么可能会出现团队内部的博弈和内耗。

第四，管理缺位，责任错位。"班委"会发挥管理作用，所依赖的并不是正式的行政职权，而是大家通过商讨，共同约定其具有某种管理职权。在班组日常工作中，不能因为有"班委"参与管理工作，就弱化甚至忽略了班组长的责任与作用，在班组发生安全或质量事故时，班组长依然是班组的第一责任人。

案例解析：班组组织建设案例

> **案例链接**
> **某班组四大员设置**

某班组四大员职责如图3-2所示。

安全员	工资考核员	后勤物资保障员	组织活动专员
・负责统计本工段危险源，制定危险标识及危险源控制方案 ・负责监督检查各岗人员标准操作情况 ・负责直接检查安全隐患点并上报 ・负责安全管理知识与案例的宣传 ・负责安全工作的推行	・负责IOP项目的宣传 ・负责员工工资结构的宣传与薪酬的核对 ・负责本工段业绩相关指标达成（各项激励通报）的出具 ・负责质量、产量、成本、能源、费用指标的信息传递 ・负责员工绩效方面的各项培训指导	・负责月劳保及物资申购的报送、领用等 ・负责低易品的建档与调拨手续办理 ・负责资产的巡查 ・负责月低易品的盘点工作 ・配合办公室各项福利的发放工作 ・负责本工段人员工况问题改善的收集、提交与解决	・负责各项活动的组织召集 ・负责内部活动组织及策划 ・负责定期组织培训工作 ・负责组织召开员工思想沟通会 ・负责本工段各类评优的选拔

四大员职责

图3-2 某班组四大员职责

【案例点评】

该班组通过四大员设置，切实践行了"全员参与"的管理理念。通过明确的管理职责和动作设计，不仅强化了员工的责任意识，锻炼了员工的管理能力，同时助力了班组各项工作的顺利推进，确保班组建设工作高效开展。

参考模板见表3-1。

表3-1 四大员设置模板

××班组组织架构

续表

班委职责说明	
××委员	设置目的：（简明扼要说明设置该委员有什么作用） 主要职责： （1） （2） （3） ……
××委员	设置目的：（简明扼要说明设置该委员有什么作用） 主要职责： （1） （2） （3） ……
××委员	设置目的：（简明扼要说明设置该委员有什么作用） 主要职责： （1） （2） （3） ……
××委员	设置目的：（简明扼要说明设置该委员有什么作用） 主要职责： （1） （2） （3） ……

制度建设

制度是班组的规矩

俗话说，无规矩不成方圆。一个国家，要建立法律法规体系，以此约束公民的行为，树立价值标准；一个企业，要建立各项规章制度，构成企业内部的"法律"。同样，一个班组，要想高效运行，也要讲规矩、守秩序。班组制度越健全，岗位责任越清晰；制度执行越严格，班组管理越简单。

很多员工认为，制度就是条条框框，就是处罚，就是为了让大家老老实实地干活，等等。事实上，班组制度是确保班组各项工作有条不紊、井然有序、高效运行的根本保障。班组制度通常有以下作用：

规范功能。 班组制度的建立，可以确保班组各项事务"有据可查，有法可依，有章可循"，防止管理行为的任意性，让班组管理更加有序化、规范化、标准化。

导向功能。 有了班组制度，就等于对员工的行为建立了评判对错的价值标准，"什么事情能做，什么事情不能做""如何做是正确的，如何做是错误的"，都有了统一的衡量尺度和行为准则。

凝聚功能。 一个得到良好贯彻的班组制度背后，反映着班组所有成员对某种价值观念的认可与尊重。共同的制度精神及其价值观，会强化班组与成员彼此之间的认同感，从而起到凝聚班组力量的作用。

协同功能。 一套优秀的班组制度能规范班组成员日常行为，调整工作中的纵向、横向关系，使工作程序、步骤最佳化，从而保证生产安全和生产效率。比如，班组制度中的岗位责任制是保证班组良好运转的一项基础制度设计，是按照现代化大生产分工协作的原则，把班组的各项工作按照内容、性质和特点层层细分到各个岗位上，并且确定各个岗位的职责、权限、利益，既强化了岗位成员的责任感，也促进了班组整体效能的提升。

班组制度建设四原则

第一，务实性原则。制度如同班组的轨道，是班组稳定有序运行的基础，也是规范、引导员工行为的纲领。班组制定什么制度，要根据班组的业务特点和管理需要而定，既要符合生产、技术和经营活动的要求，又要便于员工掌握和执行。

第二，民主性原则。班组制度的制定，一定要让员工参与进来，因为参与决定认知和认同。通过团队讨论、群策群力、集思广益的方式，让制度在制定过程中就有了群众基础，形成团队共识和集体认同，在执行过程中员工就能做到自觉践行、相互监督。

第三，简洁性原则。班组制度条文不需要篇幅太长，也不需要多么华丽的语言，更不需要废话，只要能清晰界定班组成员"必须做什么，不能做什么，按照什么方式做"等，简单易懂，清晰明了即可。

第四，操作性原则。班组制度是在公司制度的统一框架下，为了更好地贯彻落实组织要求，更精准、更高效地做好班组日常工作而制定的补充性制度规范或细化的管理办法。所以，班组制度要可落地、可操作，每一条制度条文都要有清晰的行为指向性，切忌假大空。

制度的魅力贵在执行

明朝著名政治家张居正曾说："天下之事，不难于立法，而难于法之必行。"可见，制度的魅力关键在于执行。再多的制度，如果不能有效执行，就是一堆废话；再好的制度，如果只是流于形式，也不会产生任何效果。

美国斯坦福大学的心理学家曾进行过一项实验，如果有人打碎了一栋建筑上的玻璃，而又没有人及时修复它，那么其他人就有可能受到某种暗示性的影响，去打烂更多的玻璃。同理，一面墙如果出现一些涂鸦没有被清洗，很快墙上就会布满各种乱七八糟的涂鸦。一个很干净的地方，人们会不好意思丢垃圾，但是一旦地上有垃圾出现之后，就会有人毫不犹疑地做同样的事，丝毫不觉羞愧。这就是著名的"破窗理论"。

这一理论揭示出这样一个道理：任何一种不良现象的存在，都在传递着一种信息，这种信息会导致不良现象无限扩展。同时必须高度警觉那些看起来是偶然的、个别的、轻微的过错，如果对这种行为不闻不问、熟视无睹、反应迟钝或纠正不力，就会纵容更多的人"去打烂更多的窗户玻璃"，就极有可能演变成"千里之堤，溃于蚁穴"的恶果。所以，班组制度一旦制定颁布，就需要不折不扣地执行到底，做到"制度面前人人平等"。

为了强化班组制度在落实执行中的刚性约束力，班组长在管理时应该遵循"烫炉原则"。

预先警告原则。如果炉火是滚烫的，任何人都能清醒地看到并意识到，一旦碰一下就会被烫伤。

即时原则。如果谁敢以身试法，将手放在火红的烫炉上，就会被立即烫伤，即被惩罚。

一致性原则。一个人每次用手触摸烫炉，肯定每次都会被烫着，不可能有一次例外。

公正原则。不论男女老少，不论职位高低，只要有人用手触摸烫炉，保证会被烫着，烫炉不会区别对待任何人。

> **案例链接**
> **安全帽小风波**

某企业家临时视察现场，发现墙上贴着："进入现场必须戴安全帽。"可是他发现自己忘戴了，工作人员也没拦住他。他就问怎么回事，工作人员说："我们平时要求必须戴安全帽才可以进入现场，但您今天特殊，就不用麻烦了……"这个企业家当时就怒了，他义正词严地说："难道规章制度是因人而异的吗？如果我们做不到墙上说的这些，就把它从墙上撕下来！"事后，企业家让人把安全帽送过来，戴好后才进入厂区。

【案例点评】

制度不在于编得多整齐、多漂亮，关键在于执行是否有力。优秀的企业背后都有一群践行原则的人，制度的执行有赖于一群人的共识共治、自觉践行和相互监督。

尤其是班组长，如果不能身体力行践行各项制度，不能做到率先垂范、以身作则，就很难使员工信服，这样的制度就如一纸空文，形同虚设。

案例解析：班组制度建设案例

> **案例链接**
> **某班组的"小家规"**

某班组"小家规"的形式，如图3-3所示。

图 3-3　某班组的"小家规"

【案例点评】

　　班组"小家规"的制定，体现了班组自主管理的理念：用班组成员共同的价值追求引导班组管理活动，用班组成员共同约定的准则规范员工行为，用班组成员共同承诺的方式确保制度的执行落实。"小家规"的制定也体现了该班组从强制式管理到民主式管理、从监督式管理到自律式管理、从被动式管理到认同式管理的理念转变。

文化建设

班组文化与企业文化的关系

　　企业文化是企业发展的灵魂，优秀的企业文化更是企业持续发展必需的精神支柱和动力源泉。《基业长青》一书中说，所有高瞻远瞩的伟大企业都有着宗教一般的企业文化。美国兰德公司、麦肯锡公司等国际知名公司的专家通过对全球优秀企业的研究，得出的结论是：世界 500 强企业胜出其他企业的根本原因，就在于这些企业善于给企业文化注入活力。优秀的企业无一例外都很注重企业文化建设，比如华为。1998年3月华为正式出台"华为基本法"。在华为的发展史上，这部"华为基本法"具有非同一般的影响力。它是中国第一部总结企业战略、价值观和经营管理原则的"宪法"，是一家企业进行各项经营管理工作的纲领性文件，也是制定各项具体管理制度的依据。

华为的核心竞争力来源于其核心价值观，即"以客户为中心，以奋斗者为本"。同时，华为在市场开拓中尤其强调狼性精神，任正非曾说："企业要发展一批狼。狼有三大特性：一是有敏锐的嗅觉；二是有不屈不挠、奋不顾身的进攻精神；三是有群体奋斗的意识。"

简单来说，企业文化是所有团队成员共享并传承给新成员的一套价值观、共同愿景、使命及思维方式。它代表了组织中被广泛接受的道德观念、思维方式和行为准则。

班组文化建设是企业文化建设的重要构成部分，也是企业文化建设的根本落脚点。企业文化只有落实到最基层的班组才有实际意义。班组文化就是企业文化在班组的具体化。如果没有一线班组和广大员工对企业文化理念及核心价值观的高度认同、落地宣导、价值传承和文化传播，企业文化就成了无源之水、无本之木。

班组文化建设四大功能

班组文化建设主要有四大功能。

第一，凝聚功能。班组文化是凝聚团队共识、释放班组活力的本质力量。作为班组长，如何凝聚团队共识，最大限度调动员工积极性、主动性、自觉性，让员工明白工作的价值和意义，建立职业使命感和奋斗目标，靠的不是检查、监督和考核，而是企业文化的凝聚功能。班组成员如果认同企业的核心价值观，认同自己的团队，认同自身的价值，就会化压力为动力，化被动为主动，化腐朽为神奇。

第二，指引功能。每个班组都有自己的文化，只是文化也有正向和负向之分。正向的班组文化指引班组成员正向思维、正向行为、正向改进，它就像班组发展过程中的导航灯塔，照亮了前进的方向。反之，负向的班组文化则可能引发团队内耗，对班组氛围和工作环境有着无形的破坏力。所以，班组文化建设就是一个重新界定、规范的过程，它对班组追求什么、倡导什么、反对什么、禁止什么有明确的指引作用。

第三，活力功能。班组是企业的最小活力细胞，班组有活力，企业才有生命力。班组文化建设的方式方法多种多样，比如，通过丰富员工的精神文化生活，组织开展有意义的社会实践活动，培育员工积极乐观的健康心态，都有助于缓解员工的工作压力，提升员工心理能量，从而激发员工内心的动力源，真正释放其创造力。

第四，传播功能。班组文化建设是企业文化真正落地的最后 3 公里，如果说企业文化是顶层设计，那么班组文化就是企业文化在基层践行的关键点。企业的品牌、质量、营销、服务等核心价值，都要通过一线员工的行为体现出来。每一个员工都是企业文化的宣传员，员工的一言一行都是企业文化的一面镜子、一个缩影。

班组文化建设的三大内容

第一，班组文化理念系统。班组文化理念是对班组成员价值观、思维方式和行为习惯的统一指导，是班组成员判断什么是对的、什么是错的，什么是好的、什么是坏的的依据。班组文化理念应结合本班组的工作目标、工作要求、工作特点等，在企业文化的引领下，提炼出契合本班组需求，具有本班组特色的文化理念。

班组文化理念系统主要包括八个要素。

第一个要素是班组个性化名称：名称是班组文化的外在体现，是本班组工作特色，或文化特色，或人员特点等个性化特征的体现，应具有丰富的寓意，同时是本班组的个性化品牌。

第二个要素是班组 logo：将具体的事物、事件、场景和抽象的精神、理念、方向通过特殊的图形固定下来，使人们在看到 logo 的同时，自然地产生联想，从而对班组产生认同感。

第三个要素是班组口号：班组核心理念的表达。班组口号应简短有力，朗朗上口，正向、积极，具有团队激励、提振士气的作用。

第四个要素是班组使命：对班组"为什么而存在"的根本思考。班组使命应体现组织对班组的要求和期望，并具有一定的挑战性，能激发斗志。

第五个要素是班组目标：班组实现使命的愿景和梦想。班组目标应结合组织需要和班组特点，是全体成员对"我们应该成为一个什么样的班组"的价值思考和共识达成。

第六个要素是班组哲学：班组哲学是班组成员共同信奉的一套思维方式和行为哲学。

第七个要素是班组精神：班组精神是班组成员共同的精神追求，是班组成员应该具备的最核心的品质和素养，也是班组成员秉承的一种职业精神。

第八个要素是班歌：班组文化理念的形象化表达方式。班歌能提振士气，宣传班组文化理念。班歌可以选择大家都喜欢的歌曲，重新填词，歌词体现出班组的工作特点、目标、精神等内容。

第二，班组文化表现系统。即班组文化外在表现形式和载体，是班组优秀文化成果和文化渗透的工具。包括班组名片、班组影集、班组文化仪式、班组文化墙、班组文化故事集等。

第三，班组文化化育系统。即推动班组文化"内化于心、外化于行"的催化机制、环境建设、活动载体及落地措施等。比如，每日一反思、每日一对标、标杆人物塑造、文化故事征集与宣讲、文化公约制定、星级班组评选等。

班组文化建设的四大原则

第一，先进性原则。班组文化是指导班组管理与员工行为的指南。因此，班组文化要具有先进性，必须契合时代主流精神，提出科学的理念和思想。例如，将本质安全、人本管理、"三全"管理、客户至上、绩效第一、持续改进等先进理念纳入班组文化中。

第二，特色性原则。班组文化是根据班组的工作特点、人员特点、管理特点等形成的适合本班组的特色文化，应贴合班组的实际工作要求，并服务于班组工作目标。

第三，共识性原则。班组文化建设必须全员参与，由大家共同提炼班组文化理念、设计文化看板、宣扬班组故事。只有全员参与，才能真正称之为"班组文化"。

第四，实践性原则。班组文化不是简单的编词造句，班组文化建设必须与班组管理结合起来，将文化理念要求落实到班组管理制度上、落实到班组日常文化宣传上、落实到日常标杆塑造上，将文化与管理融为一体。

班组文化建设的四个阶段

班组文化建设是一个长期的过程，需要不断宣传、不断强化，逐渐内化为员工的习惯。一般来说，班组文化建设会经历以下四个阶段。

第一，认知阶段。这个阶段是对班组文化认知和了解的过程，比如一个新员工在融入班组的过程中，通过班组的文化手册、文化看板以及班组长、老同事的言传身教，逐渐认知和了解班组所强调的价值观和行为习惯。在这个阶段，主要是通过班组文化的物态载体和形象化表达来加深对其理念的认知，形成文化记忆点。

第二，认同阶段。员工在日常工作中，通过切身的感受和身边人、身边事的影响，逐渐接受和认同班组文化，主动与班组文化理念要求靠近，并以此约束自己的行为。在这个阶段，班组文化建设的主要工作是通过标杆影响、评价引导、奖惩导向等方式，强化班组文化的落实。

第三，炼化阶段。员工逐渐从被动接受到主动接受，从行为模仿到自觉践行，已经将班组文化理念融入自己的日常行为中，成为自己潜意识的行为习惯。同时，班组成员也成为班组文化的守护者和传承者。在这一阶段，注重的是员工意识的持续强化和行为的持续养成。

第四，优化阶段。班组文化建设不是一劳永逸的，随着环境的变化、管理的发展，班组的文化建设也需要与时俱进，是一个不断创新和发展的过程。在这一阶段，班组文化建设既要注重继承与发扬，也要强调升级与创新。

案例解析：班组文化建设案例

| 案例链接
| 某班组名片

某班组名片，如图3-4所示。

班组名称：心行班组
班组口号：认真 仔细 务实 高效
班组目标：争创优秀班组
班组愿景：成为一支业务过硬、服务周到、效率一流的卓越班组
logo释义：
logo为大写字母D，为地磅的拼音首字母。总体为叶子形象，表示常青。中间竖立的是天平，表示工作的公平、公正。底色为公司三原色，右边笑眯眯的眼睛表示微笑服务。下方红色圆圈代表班组长，六条彩线代表班组六大员。

班组名片

图3-4 某班组名片举例

【案例点评】

班组文化的创建过程即是班组成员思想和价值观融合的过程；班组文化内涵需要必要的形式来承载，形式是对内容的强化，彰显了班组平凡工作中不平凡的价值。

| 案例链接
| 某班组文化墙

某班组文化墙，如图3-5所示。

图 3-5　某班组文化墙举例

【案例点评】

班组环境建设是班组文化化育的手段之一。人在特定环境下，其行为会被环境影响和塑造。班组环境建设要与企业文化系统相结合，从整体色调选择、文化标语呈现、管理展板悬挂等方面体现企业的使命追求、价值导向、管理法则等，潜移默化影响员工对企业文化的认同与践行。

案例链接
班组文化载体多样化

某班组文化载体多样化，如图 3-6 所示。

图 3-6　某班组文化载体举例

【案例点评】

班组发展历史、文化故事、文化展板等是文化化育的有效方式，也是班组文化传承与传播的最好载体。通过记录班组成员的感人事迹和典型案例，并以照片、影像等形式予以留存，不仅彰显了班组的精神内涵，也是对当事人最大的认可和激励。同时，也是对后续新进成员潜移默化的影响和塑造。

业务建设

国务院国资委下发的〔2009〕52号文件《关于加强中央企业班组建设的指导意见》中指出："适应建立现代企业制度的总体要求，在班组建设和班组长队伍建设中，做到工作内容指标化、工作要求标准化、工作步骤程序化、工作考核数据化、工作管理系统化，奠定企业扎实的管理基础。把班组长培养成为政治强、业务精、懂技术、会管理和具有现代意识的企业基层管理者；提升班组成员的综合素质，把班组员工培育成为有理想、有道德、有纪律、有文化，敬业、勤奋、创新、踏实，热爱本职岗位的劳动者。"

国务院国资委下发的〔2010〕91号文件《关于中央企业建设"四个一流"职工队伍的实施意见》中指出，建设"四个一流"职工队伍的基本要求是：一流职业素养，就是牢固树立社会主义核心价值观的主导地位，有良好的思想素质、职业道德和敬业精神，勤劳朴实、踏实工作、热爱岗位、忠诚企业、牢记使命、报效国家。一流业务技能，就是熟练掌握岗位知识、技艺精湛、业务精通、勤奋好学、开放包容，有较强的学习力、执行力、创造力和自主管理、自我完善、持续改进的能力，关键岗位职工的业务技能和工作效率达到国际先进企业职工水平。一流工作作风，就是严谨、诚实，在工作中遵章守纪、服从管理、一丝不苟、认真精细，严格按工艺纪律和业务规范操作，信守诺言和规则，在同行业中发挥表率作用。一流岗位业绩，就是敢为人先、创新超越、不断挑战、勇争一流，在安全生产、产品质量、服务水平、成本控制等方面行业领先，优质高效地完成任务。

以上两个权威性文件，为班组建设指明了方向和思路。提萃其精华，班组业务建设可以围绕"五化"工作管理和"四个一流"队伍素质提升两个方面展开。

"五化"工作管理固本夯基

1. 工作内容指标化

每个班组都有自己的职能，为了高效履行其职能，班组又有具体的工作内容，并依据分工协作原则，将工作内容分解到各个岗位。只有将各岗位的工作内容进行指标化分解，确保"人人心中有指标"，各岗位才能各尽其责，整个班组才能顺利达成各项经营指标。

案例链接
某班组业绩指标看板

某班组业绩指标看板形式，如图 3-7 所示。

图 3-7　某班组业绩指标看板举例

【案例点评】

看板是可视化管理的有效工具，将班组业绩指标上墙，可以达到时时提醒、时时对标、时时激励的效果。

2. 工作要求标准化

标准化管理是指企业为获得最佳秩序，在生产经营、管理范围内对实际或潜在的问题制定规则的活动。企业标准体系是企业内的标准按其内在的联系形成的科学的、有机的整体。企业标准体系的建立和实施要在贯彻落实国家关于标准化工作的法律、法规、政策、方针的基础上，建立健全以技术标准为核心，以管理标准为支持，以工作标准为保障的企业标准化体系。班组标准化建设可以落脚到"双标"建设上，即"一岗一标"和"一事一标"。

"一岗一标"建设。即立足岗位，以岗位的需要和员工的需求为导向，本着"精专实"的原则，将各类管理标准、技术标准、工作标准精确制导到岗位，通过将与岗位密切相关的基本规范、管理要求、知识与技能、工作方法、常见问题及预防措施、典型案例等，进行系统化、结构化、精准化梳理，编制形成"一岗一标"学用一体化手册，最终实现岗位管理精确制导、业务技能精准提升。

"一岗一标"梳理中的关键点如下。

我的岗位职责是什么？

我的岗位考核要求是什么？

我的岗位要求我必知必会的有哪些？

我的岗位工作任务有哪些（日、周、月）？

我的岗位常见的易错点、风险点有哪些？

我的岗位红线有哪些？

我的岗位以往发生过哪些典型案例？

我的岗位典型工作经验和方法有哪些？

……

"一事一标"建设。即立足任务，针对每一项具体作业事项，通过对作业任务进行分析研究，以科学规律、生产技术、规章制度和实践经验为依据，以安全、质量、效益为目标，对作业过程进行改善，从而形成一种优化作业程序，达到安全、准确、高效、省力的作业效果。

"一事一标"中有六个关键要素（见表3-2）。

表3-2 "一事一标"中的六个关键要素

项目	释义	考虑的关键要素
作业程序标准化	作业程序主要是指先干什么，后干什么，以一种什么样的顺序来组合工作。关系到作业效率以及作业质量等因素，通过对作业程序的分析和改善，可提高作业效率	（1）作业有没有程序化 （2）每个作业程序的作业内容是否清晰 （3）现有程序安排是否合理 （4）有没有更优的作业程序 ……

续表

项目	释义	考虑的关键要素
作业口令/语言标准化	沟通是工作的必要手段之一。工作中，往往因为沟通不到位、不准确等原因带来很多失误或者误解。规范用语是标准化作业的重要内容之一，以避免表达不清、理解不对带来的错误、失误	（1）标准作业口令：应对每台设备、设备的每个部位，操作的口令以及各种联络信号等都有一个规范化的称呼，并统一制定联络语言标准。如联络语言标准、操作语言标准、事故处理联系标准等 （2）规范服务用语和礼仪：用词用语得当、尊重人格、体谅对方等方面；着装标准化、形象标准化等
作业时间标准化	作业时间是影响作业效率的关键因素，在标准作业当中，要求作业的每一个环节都必须严格按照既定的时间去完成，以确保工作效率	（1）到岗时间标准化 （2）每项作业的标准工时是多少 （3）每个工序按标准时间完成交接 （4）每种物料、备件按规定时间供应 （5）将作业时间控制在标准工时之内 （6）按时完成产品的生产（按时交货） ……
行为动作标准化	行为动作标准化是指作业者根据作业要求进行规范化操作，确保"第一次就把事情做对"	（1）指挥动作标准化 （2）操作动作标准化 （3）行为规范化 （4）不违章作业、违章指挥、违反劳动纪律 ……
作业设备、工器具标准化	作业设备和工器具是保障作业效率、作业安全及作业质量的一个重要因素。设备使用、点检、养护、维修等方面应该形成标准	（1）完成作业需要哪些设备、工具 （2）设备如何操作 （3）设备应该达到什么状态与要求，工艺参数是多少 （4）设备如何点检？点检线路、点检人员、点检频次、点检内容、点检方法等是什么 （5）设备如何保养？日常使用中应该注意哪些问题 （6）设备出现故障处理程序是什么 （7）设备常见故障是什么？故障处理方法是什么 ……

续表

项目	释义	考虑的关键要素
作业方法标准化	标准的作业方法，是作业效率和作业安全等的重要保障。标准作业方法不仅包括具体操作，也包括具体操作背后的原则、规则、理念等	（1）本作业中效率最高的人是如何操作的？有什么特点和方法 （2）高效操作的思路是什么？原则是什么？ （3）影响操作效率、质量、成本、安全等的关键点是什么 （4）具体的操作步骤和行为动作是什么 ……

班组"一事一标"建设中，特别强调对"重点、高危、高频、薄弱"作业项目的梳理。在梳理过程中需要保证具有"一线四点"的思路：

"一线"，即流程线。作业前、作业中、作业后分别有几个关键步骤？作业流程是什么？

"四点"，即作业关键点、问题改善点、经验价值点和风险管控点。

作业关键点：这个作业任务里有几个关键点是必须注意的？如果漏了、错了，可能就会影响整个作业任务，甚至成为安全隐患，那就需要把它梳理出来。

问题改善点：梳理标准的过程，也是对以往工作进行复盘反思的过程。以往在这个作业项目中，常见的问题或常犯的错误有哪些？需要怎么去优化改善？

经验价值点：有很多老师傅身上一身绝活，处理问题的经验非常丰富。如果好的经验没有被沉淀，可能老师傅退休后，那些绝活就被一起带走了。所以，在梳理标准时，要注意对好的经验进行总结和沉淀，把它融入我们的"一事一标"编写中。这里必须强调的是，经验不是指偷工减料、投机取巧、冒险逞能的反面经验，而是在合规操作基础上，经得起验证的最优做法。因为标准本身含有"最佳"特点，是对当下最佳实践、最佳经验、最佳方法的萃取总结。

风险管控点：一个作业项目，以前有没有出过纰漏，有没有发生过安全事故，如果有，就需要举一反三，对这些风险点进行重点管控。如果没有，也要事先对可能的风险点进行预想、预判。比如，这个作业任务可能存在什么风险？人的不安全行为有哪些？物的不安全状态有哪些？作业环境有哪些不安全因素？管理措施是否到位？要把这些注意事项和风险预控点事先梳理出来。

案例链接
某班组"一岗一标"范例

某班组"一岗一标"形式，如图 3-8 所示。

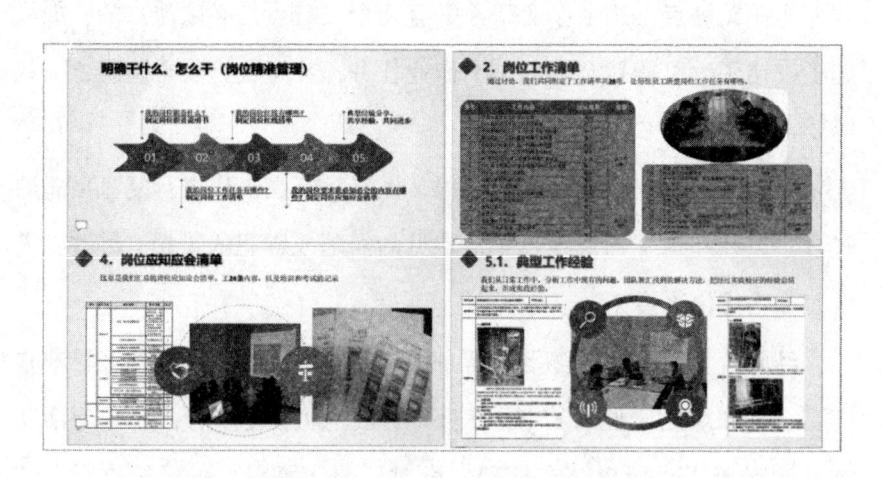

图 3-8　某班组"一岗一标"范例

【案例点评】

"一岗一标"建设是岗位规范管理和岗位技能精进的有效手段。通过对岗位工作清单、应知应会、典型经验等进行系统化梳理,实现隐性经验的显性化和共享化。

案例链接
某班组"一事一标"范例

某班组"一事一标"形式,如表3-3所示。

表3-3 某班组"一事一标"范例

业务	10kV 电杆清除鸟巢	单位	
时间	年 月 日	工作票号	
作业标准	(1)在晴朗、无风的天气才能开展此项工作 (2)对安全用具、绳索及专用工具进行外观检查 (3)登杆到合适位置,并与带电体保持不小于0.7m的安全距离 (4)用传递绳传上工具 (5)清除鸟巢,并确保清除干净,清除过程中要保持安全距离,避免造成短路或接地故障 (6)用传递绳传下工具 (7)下杆后,将地面鸟巢搭支物清理干净		
风险点	预控措施		
误登杆塔	登杆前必须仔细核对线路双重命名、杆塔号,确认无误后方可上杆		
触电伤害	(1)应设专人监护 (2)杆上作业人员应与带电体保持0.7m及以上安全距离 (3)上下传递物品时应使用传递绳,并应与带电体保持0.7m以上安全距离		
高空坠落	(1)登杆前,检查杆根 (2)登杆前,应对脚扣进行检查 (3)上下杆过程中,不得持带工具物品等,不得失去安全带的保护		
交通事故	横过公路、铁路时,要注意观察,遵守交通规则,以免发生交通意外事故		

【案例点评】

该作业项目虽然不属于某班组作业项目里的"重点"事项,却属于"高危"事项,非常有必要梳理成"一事一标"。同时,也体现了"一线四点"的思路,即以作业步骤为主线,结合以往该项工作的经验反思,将作业关键点、问题改善点、经验价值点、风险管控点有效融入标准编写中。

3. 工作步骤程序化

工作步骤程序化,主要是指工作事项的活动流程顺序。包括实际工作过程中的工作环节、步骤和程序。班组里的任何一项重要工作,都应该制定工作流程图。工作流程图可以帮助员工了解实际工作内容,消除工作过程中多余的工作环节、合并同类活动,使工作流程更为经济、合理和简便,从而提高工作效率。

班组制作工作流程图,要进行"五分析"(见表3-4)。

表3-4 对班组制作工作流程图的"五分析"

"五分析"	分析目的	具体分析什么内容
目的分析	消除工作中不必要的环节	• 实际做了什么 • 为什么要做 • 该环节是否真的必要 • 应该做什么
地点分析	尽可能合并相关的工作活动	• 在什么地方做这项活动 • 为何在该处做 • 可否在别处做 • 应当在何处做
顺序分析	尽可能使工作活动的顺序更为合理有效	• 何时做 • 为何在此时做 • 可否在其他时间做 • 应当何时做

续表

"五分析"	分析目的	具体分析什么内容
人员分析	确保人员匹配的合理性	• 谁做 • 为何由此人做 • 可否用其他人做 • 应当由谁来做
方法分析	尽可能简化操作	• 如何做 • 为何这样做 • 可否用其他方法做 • 应当用什么方法来做

案例链接
某班组框绞机操作流程

某班组框绞机操作流程（见表3-5）。

表3-5 框绞机操作流程举例

作业名称			框绞机操作流程	
控制人			执行人	
使用工具、设备		卷尺、角尺、半自动切割机、手工割刀、二氧保护焊机、油压机		
编制人			审核人	
工作步骤	序号	部件名称	工作内容	
	1	绞盘	画线割圆，四周找基准线，上中心套保证中心套两边加工余量，对称焊接，最后清渣、打磨、涂防锈油漆	
	2	面板	画线下料折弯，校平校正、画线割圆时以端面和底边为基准，保证面板中心高和中心距，清渣、打磨后交下道工序。下料时要求用跑车下料，保证平直度	
	3	中间支撑板	按尺寸剪板机下料、校平，打磨后交下道工序	
	4	中间轴	割圆配焊留足两端加工余量，焊接、清渣	
	5	底座	画线下料，放样组对保证面板在同一平面上，再组焊、清渣、打磨、涂防锈油漆	

续表

	序号	部件名称	工作内容
工作步骤	6	前支撑	画线下料，组对，保证总高，留足加工余量，焊接饱满，再清渣、打磨、涂防锈油漆
	7	组焊	绞体装配拼焊后进行组焊，要求从里到外对称角焊，焊缝均匀饱满。再清理焊渣、打磨、涂防锈油漆
强调事项	1		面板折弯时保证垂直度与面板平整度，弧度符合要求
	2		面板割孔前要求校平校直，并以同基准画线，保证四组面板相对应尺寸正确
	3		下料时注意各加工余量，保证拼装时相关的尺寸正确
	4		组装点焊后请检验人员复查尺寸，合格后才能牢固焊接

【案例点评】

做任何一项工作，都需要一系列有机组合的、协调一致的动作来完成。工作流程化，清晰地告诉我们应该先做什么，后做什么，不仅提高了工作效率，也确保了工作输出的可控性。

4. 工作考核数据化

在班组管理中最忌讳"大概""差不多""可能是这样"等似是而非的判断，也忌讳主观的臆想与无序的安排，这样做是一种糊里糊涂的作风，容易误事、坏事。高效能班组管理强调精确化、数据化。班组长要有数据化的观念，要学会用数字化的方法来描述企业活动的目标、计划、运行状态的特征，更要懂得运用数字工具总结、判断、预测企业的作业活动规律，以便更加客观、准确、系统地计划、安排企业的作业活动。

工作考核数据化，是班组管理中的一项必要工作。透过这些数据，班组长能及时发现班组生产运营中的问题、班组管理中的问题以及员工身上的问题，从而更好地采取针对性措施。

案例链接
某班组考核数据动态监控表

某班组考核数据动态监控表形式，如图3-9所示。

图3-9 某班组考核数据动态监控表

【案例点评】

工作考核数据化的前提是数据的有效性和精准性。该班组通过对生产过程中的关键数据进行动态监控和跟踪，不仅实现了关键环节的可监控、可追溯。同时通过信息公示，凸显了班组考核中透明监督、公平公正的理念。

5. 工作管理系统化

班组是企业内部最基层的劳动和管理组织，是企业最一线的执行团队，是连接企业与员工的纽带，也是创造经济效益、锻炼员工队伍、展示员工才能的最重要阵地。企业战略要在班组落实，管理和效益目标要通过班组实现，安全生产要由班组来保证，企业文化要靠班组来建设，员工职业素养要由班组来培育和提升。因此，班组长在日常管理中要有系统思维，不能避重就轻，也不能顾此失彼，更不能一味瞎忙却事倍功半。

班组工作开展过程中，要紧扣企业战略要求，紧密联系自身现状，将安全生产、夯基贯标、提质增效、人才培养、文化塑造、学习创新等要素，有效融入班组日常管理中，尽可能打造"理念先进、管理科学、队伍优秀、文化凝聚、绩效卓越"的高效能班组。

案例链接
某企业班组管理评价指引

某企业班组管理评价指引形式，如表3–6所示（见下页）。

【案例点评】

该企业通过制定班组管理评价指引，将班组管理的核心要素模块化，将班组日常动作具体化，有效引导班组长更系统、更全面、更科学地开展班组工作。

"四个一流"队伍素质提升

以班组为抓手，建设"四个一流"队伍，是加强新时期产业工人队伍建设的有力举措，也为我国经济高质量发展提供了扎实、雄厚的人才基础和智力保证。

建设"四个一流"队伍的主要任务如下。

第三章 高效能班组管理的五大基础建设

表3-6 某企业班组管理评价指引

评价项目	权重	评价要素	评价内容	评分标准	标准分值	评价方法（参考）	职责分工
班组基础建设	50%	安全生产精细化	·成立以班组长为第一责任人的班组安全生产管理体系，明确班组长、安全员和班组成员在安全生产中的具体职责	·班组有明确的管理架构图，安全生产管理体系明确，得2分 ·班组成员有明确的职责分工，得3分	5	班组管理架构	安健环
			·严格贯彻落实公司各项安全生产规章制度和操作规程，遵循标准化作业，杜绝"三违"行为出现	·标准化作业实到位，班组成员年度内无"三违"记录，得10分 扣分项： 班组成员有"三违"记录，每次扣5分	10	考核记录	安健环
			·作业现场安全技术管理措施到位，安全设施完善，安全监督及防护装置完备可靠，现场无隐患，环境达标。安全标志齐全醒目	·作业现场符合安全管理相关要求，无任何安全隐患，得10分 扣分项： 作业现场不符合安全管理相关要求，扣10分	10	现场检查、班组展示	安健环
			·班组应强化风险预控，定期开展隐患排查、反事故学习等活动，每季度不少于1次；动态识别班组、岗位工作风险，并建立风险评估表，制定相应的控制措施；班组建立"一事一控"风险控制卡，并严格执行	·班组定期开展前述一项以上活动，得5分 ·班组建立了风险评估清单，并有相应的控制措施，得5分 ·班组每项作业均有"一事一控"风险预控卡，并有落实到日常工作中，风险防范效果显著，得10分 扣分项： 完全不开展以上任何活动，扣10分	20	台账查阅	安健环
			·正确佩戴劳动防护用品	·班组成员能正确佩戴劳动防护用品，并符合PPE相关要求，得5分	5	违章记录	安健环

091

续表

评价项目	权重	评价要素	评价内容	评分标准	标准分值	评价方法（参考）	职责分工
班组基础建设	30%	工器具管理	• 严格执行公司有关工器具管理的规定，由专人妥善保管班组各种工器具，建立班组工器具管理台账，做到信息登记规范、交接手续齐全，账、卡、物一致，不得丢失工器具 • 班组工器具按要求定置摆放、定期检修维护班组工器具，确保工器具使用安全	• 工器具由专人管理，得5分 • 工器具台账完备，符合前述要求，得5分 • 工器具定置位置摆放，标识清晰，得5分 • 工器具按相关要求进行定检，并有定检记录，得5分	10 10	台账查阅 现场检查，班组展示	安健环 生产 经营 安健环 生产 经营
		基础设施与环境	• 班组基础办公设施配备齐全，办公场所保持整洁有序	• 办公设备及物品摆放定置定位，整齐有序，得2分 • 办公场所无杂物，无灰尘，无死角，得3分	5	现场检查，班组展示	综合
		"三全"管理	• 班组人文"软"环境打造要符合企业理念，彰显企业文化特色	• 班组休息室、宿舍等场所温馨舒适，彰显企业人文特色，得2分 • 班组环境有特色，彰显企业人文特色，得3分	5	现场检查，班组展示	综合
			• 积极践行全员、全方位、全过程管理的"三全"管理理念，灵活开展"六个一"活动	• 班组全员参与班组建设工作，得2分 • "六个一"活动每月开展一个，得1分 • 班组管理运用PDCA法，得2分	5	员工访谈，班组展示	生产 经营
班组日常管理	20%	例会管理	• 班组应建立例会管理制度，明确班前会、班后会、交接班会、周例会、月度例会等周期性例会的流程，形式和具体要求 • 定期召开班组例会，尽可能应用本章管理的机制（活动、轮值、分享、评议、赛场、荣誉等），激活全员参与活性，确保例会形式丰富，内容务实，过程有序，记录翔实	• 班组建立了例会管理制度，各类例会都有明确的流程、形式和具体要求，得3分 • 例会中灵活应用3个机制以上，得5分 • 有例会记录，例会台账	5 10	音像资料，例会台账 音像资料，例会台账	生产 经营 生产 经营

1. 培育一流职业素养

加强员工队伍思想道德建设，激发广大员工奋发向上的精神动力。要结合企业实际深入开展社会主义核心价值观学习教育，加强理想信念教育和思想政治工作，有针对性地开展形势政策教育，引导广大员工牢固树立中国特色社会主义共同理想，坚定办好企业、报效国家、振兴中华的信心，争做模范公民，努力塑造热爱党、热爱祖国、热爱社会主义、热爱企业、热爱岗位的价值取向。要加强企业优良传统教育，传承以大庆精神、"两弹一星"精神、载人航天精神、青藏铁路精神等为代表的优秀企业精神，鼓励和引导员工热爱本职岗位，倾心本职工作，干一行、爱一行，在平凡的岗位上努力做出不平凡的业绩。

2. 培育一流业务技能

加强员工队伍业务技能建设，不断提高员工的岗位竞争能力。鼓励员工结合岗位特点和要求，不断提高自身科技文化水平、改善知识结构、提升技能等级，提高对新技术、新工艺、新知识的掌握和运用能力。切实抓好员工技能培训和技能评价、考核、激励制度建设，强化对员工的综合性考核和多项技能的考核。要组织和引导员工与国际先进企业对标竞赛，鼓励员工积极参与技术革新和项目攻关活动。制订个人职业生涯规划，鼓励员工通过本职岗位的扎实、勤奋工作，按照阶梯式发展规律实现自身价值，畅通技能人才的职业发展通道。

3. 培育一流工作作风

加强员工队伍工作作风建设，培育爱岗敬业、严谨诚实的主流企业文化。要把爱岗敬业、严谨诚实作为企业的主流文化，大力倡导"三老四严"（对待事业——要当老实人，说老实话，办老实事；对待工作——要有严格的要求、严密的组织、严肃的态度、严明的纪律）、"四个一样"（黑天和白天工作一个样、坏天气和好天气工作一个样、领导不在场和领导在场工作一个样、没有人检查和有人检查工作一个样）等优良工作作风。认真学习借鉴国际知名企业员工严谨工作、用心做事的良好态度。教育员工严格遵守规章制度，严格执行岗位工作标准和作业规程，严格按照工艺纪律操作，把精益求精、一丝不苟、办事认真、工作细致的理念变成员工自己的工作作风和自觉的行为习惯，以全优的标准要求每一个岗位、每一位职工，为企业生产一流产品、创造优质服务。

4. 培育一流岗位业绩

加强员工队伍绩效体系建设，引导员工为实现企业发展目标创造一流工作业绩。坚持正面激励为主，激励员工为实现企业发展目标创造良好业绩。要充分相信和善于运用员工的智慧，最大限度发挥个人创造力和团队力量，鼓励员工独立思考、自我发现问题，在不断实践中创新，在不断创新中超越。要充分挖掘一线员工潜能，把企业质量、成本、安全、服务等指标层层分解至每一班组、每一岗位，发动员工改善攻关，创造一流的工作业绩。要把员工的岗位业绩作为岗位任用、调配和确定劳动报酬的依据，准确衡量和评价员工的工作质量和工作业绩，激励先进、鞭策落后。及时查找制约员工业绩提升的因素，帮助员工寻求改进业绩的方法，提供改进机会和资源支持，努力营造

"比、学、赶、帮、超"的发展氛围，促进每位员工不断提高工作业绩，高质量地完成工作目标。

机制建设

活力管理机制——调动士气，激发活力

活力管理机制的释义及实践应用如表 3-7 所示。

表 3-7 活力管理机制的释义及实践应用

释义	活力管理机制就是通过各种活力形式，营造一种氛围，塑造一种环境，从而有效调动每一位员工的积极性，激发其热情和潜能，提升班组整体战斗力和凝聚力
实践应用	①班会活力仪式。通过班前/班后会的活动，如讲笑话、讲故事、唱歌、喊口号、做仪式等方式，提升班组的活力 ②班组文娱活动。通过开展班组集体活动，如体育活动、娱乐活动、聚餐活动、拓展活动、郊游活动等，增强团队士气和活力 ③活力管理机制在运用过程中，要避免出现僵化运用的情况，如活动的内容太固定，天天重复，失去新鲜感 ④活力管理机制重在引导班组成员形成积极向上的价值观和团队文化，活力仪式或内容以正能量引导为主，切忌低俗或不健康的内容

轮值管理机制——人人有责，全员管理

轮值管理机制的释义及实践应用如表 3-8 所示。

表 3-8 轮值管理机制的释义及实践应用

释义	轮值管理机制即在一定周期内赋予班组成员特定的责任和权利，使其在相关岗位上承担责任、行使权利、履行义务
实践应用	① 轮值班委。如在各班组内部，根据自身特色开展"班委会"轮值，如轮值安全委员、轮值学习委员、轮值士气委员、轮值质量委员、轮值和谐委员等 ②轮值活动。在班组内部，根据自身工作特点和管理需要，开展轮值安全员、轮值例会主持、轮值讲一小课、轮值分享案例等活动 ③在轮值管理中，应明确轮值人员的角色担当、职责权利和责任义务，使轮值管理人员能够各尽其责，各展其才 ④在轮值管理中，各班组应根据自身工作性质、特点及人员的素质等情况，对轮值管理的适用范围进行适当限制，并制定相应的轮值管理规范，确保轮值人员能够在适度的压力和动力中得到能力的锻炼和提升

分享管理机制——工友为师，经验共享

分享管理机制的释义及实践应用如表 3-9 所示。

表 3-9 分享管理机制的释义及实践应用

释义	分享管理机制提供了班组成员与他人互动、与环境互动的机会，实现了班组内部思想、知识、经验、成果的交流与共享
实践应用	①小课和案例分享，都是分享管理机制的典型应用 ②绝活分享。如在班组内部、班组之间开展绝活交流会，分享好的经验、好的技术、好的方法、好的创意等 ③每一次分享一定要确定主题，否则，会导致分享过程的无序状态，分享就会变成一场"开开口、张张嘴、讲讲话"的无意义闲聊，分享效果较差 ④在分享过程中要注重反馈和互动，否则，分享就变成了分享者个人的"独角戏"，其他参与者的内心体验感不强，也不利于团队思想的融合

评议管理机制——交流观点，融合思想

评议管理机制的释义及实践应用如表 3-10 所示。

表 3-10 评议管理机制的释义及实践应用

释义	评议管理机制鼓励班组成员通过一件事或一个案例进行相互学习和评议，交流其中的经验，借鉴成功点，发现不足点，从而客观认知优势和劣势，继而强化优势、弥补缺陷
实践应用	①工作评价。如在班后会上，结合当日工作目标和工作计划的完成情况，以班组集体评议的方法，对每个人当日工作进行评价；如班组成员可以对轮值委员在轮值期间的工作表现进行评议，分享优点并指出不足，激励其不断成长 ②班组之星评选。通过班组成员集体评议，确立班组之星的具体名称、评星标准、评星程序、激励措施等，提升员工公平感，增强班组凝聚力 ③班组评议活动中，应鼓励所有班组成员讲真话、说实情、谈实感，真正通过评议达到班组思想的碰撞与融合 ④评议机制不同于考核机制，评议强调的不是"评"的结果，而是强调"议"的过程。通过"议"有所"感"，在"感"中评议双方都获得了提升和融合，是一个互为借鉴、双向互补的过程

赛场管理机制——以赛促练，提升技能

赛场管理机制的释义及实践应用如表 3-11 所示。

表 3-11 赛场管理机制的释义及实践应用

释义	通过搭建赛台和价值展现平台，以比赛和竞争的方式，实现对员工的深度激活，发掘员工的内在潜能，激发员工的工作热情和进取心，促进员工的自我价值实现
实践应用	①岗位练兵。在班组内部开展各种竞赛，如赛安全、赛服务、赛质量、赛创新、赛学习等，通过竞赛营造"比、学、赶、帮、超"的良性竞争环境 ②在"赛"的内容上，应与班组工作特点、工作性质、工作内容等实际情况相结合，注意以"赛"促"练"的效果，切忌与实际工作脱节 ③在"赛"的形式上，应将个人竞赛和小组竞赛相结合，在提升个人技能的基础上不断增强整个班组的战斗力和凝聚力 ④在"赛"的过程中，应明确竞赛细节和评判标准，确保公平竞争，并将物质激励和精神激励相结合，不断营造良好的环境氛围

荣誉管理机制——正向激励，群体感染

荣誉管理机制的释义及实践应用如表 3-12 所示。

表 3-12　荣誉管理机制的释义及实践应用

释义	人天生具有对荣誉以及自我实现的渴求，荣誉是人最高阶段的需求，也是激励的最高层次。通过赋予荣誉，激发员工持续的能动性和自我实现感，用荣誉激励行动、塑造品格和产出绩效
实践应用	①班组之星评选。如根据各班组自身特点，在班组内评选安全之星、质量之星、学习之星、创新之星、快乐之星等 ②以员工名字命名创新成果。如以某项技术创新发明者的名字命名该项技术成果，比如"谢斌升压机切换法""侯飞升压机置换法"等 ③荣誉管理机制不同于常规的物质激励，物质激励侧重于对个体的奖励，荣誉则侧重于对群体的影响。同时，荣誉强调的是正向激励，弱化负向的刺激

公约管理机制——共识共治，自觉践行

公约管理机制的释义及实践应用如表 3-13 所示。

表 3-13　公约管理机制的释义及实践应用

释义	公约管理机制即用班组成员共同的价值追求引导班组管理活动，用班组成员共同约定的准则规范员工行为，用班组成员共同承诺的方式确保公约的执行落实
实践应用	①班组长是发起人，而不是制定人 ②讨论班组公约的过程中，班组长是引导者，而不是决策者 ③班组公约在不违背公司制度的前提下，应结合班组自身工作特点制定 ④班组公约由班组全员签字，签字意味着承诺，意味着自我约束 ⑤班组公约的落实执行，由班组全员自主管理、相互监督，共同确保执行

链锁管理机制——相互帮扶，共进共赢

链锁管理机制的释义及实践应用如表3-14所示。

表3-14 链锁管理机制的释义及实践应用

释义	链锁管理机制就是让班组成员在某项具体工作上相互"结对子"，使他们形成临时的小团队，这种形式的安排，使员工在日常工作中养成与他人协同的能力与技巧，并且强化了责任共担、相互帮扶、共进共赢的意识
实践应用	①安全责任共担。如班组成员出现"三违"情况，班组长、轮值委员、同一作业区的工友共同承担连带责任。因此，在进行危险作业时，班组成员之间有互相提醒的义务 ②功能小组。根据员工的兴趣、经验和性格特点等，灵活组成功能小组，比如学习小组、安全小组、质量小组等，让大家相互帮扶，取长补短，一起发挥合力，共同完成某项工作任务

第四章

高效能班组管理的九大实务

班组管理是企业战略落地的"最后一公里",已经有越来越多的企业意识到班组管理工作的重要性。只有抓好班组日常管理工作,从粗放化走向规范化,从规范化走向精细化,从精细化走向卓越化,才能使班组在企业中发挥最大化的效能。

任务管理

班组作为企业最基层的执行团队,如何对企业所提供的人员、机器、原料、方法、环境、信息等资源,进行统筹调度和精细整合,高效完成各项工作任务,达成各项经营指标,是班组最基础的工作。

如何聚焦目标

一切行动要以目标为导向,管理就是一个制定目标和有效实现目标的过程。清晰的目标几乎是所有成功团队的一致特点。很多团队不成功的重要原因之一就是因为目标定得模棱两可，或是没有将目标有效地传达给相关成员。

对于班组来讲，年度经营目标、季度目标、月度目标等主要是根据上级指挥链下达的生产任务来确定的。想要顺利完成各项经营目标，就需要班组全体成员自上而下凝聚对目标的共识。而且，班组目标越清晰越具体，就越好，不能是模糊的、有歧义的。

工具赋能：SMART 让目标更清晰（见表 4–1）。

表 4–1　SMART 的原则和具体要求

原则	具体要求
S（Specific）明确性	目标设置要有具体项目、衡量标准、达成措施、完成期限以及资源要求，使班组成员能够很清晰地看到大家要做哪些事情，完成到什么程度
M（Measurable）衡量性	目标能量化尽可能量化，不能量化的也要有一个衡量标准，杜绝在目标设置中使用形容词等概念模糊、无法衡量的描述
A（Attainable）可实现性	目标不是越高越好，但如果一点挑战性都没有，也不是好目标。目标设置要坚持员工参与、上下左右沟通，使拟定的工作目标在组织及个人之间达成一致
R（Relevant）相关性	目标与班组生产经营工作紧密相关。如果实现了这个目标，但与其他的目标完全不相关，或者相关度很低，那这个目标即使达到了，意义也不是很大
T（Time-bound）时限性	目标设置要具有时间限制，定期检查项目的完成进度，及时掌握项目进展情况，以及根据异常情况变化及时调整工作计划

如何制订计划

目标侧重于结果，而计划是侧重于实现目标的方式、途径和步骤。

换句话说，目标是你要达到的结果，计划是你准备如何达到这样的结果。因此，工作计划制订时一定要经过周密思考，以防遗漏关键环节，并且要合理配置各项资源，人员分工要明确，责任落实到人，工作要求也要说明，让每个班组成员都知道自己应该"干什么、怎么干、干成什么样"。

工具赋能：5W2H 让计划更周密（见图 4–1）。

5W：
① What——我们做的事情是什么？（任务是什么？）
② Why——我们为什么要做这件事情？（任务的目的是什么？）
③ When——这件事情什么时间开始？什么时间完成？（任务的时间要求是什么？）
④ Who——这件事情由谁负责？由哪些人来完成？（任务的参与人员有谁？）
⑤ Where——这件事情在什么地点开展？（任务执行的地点在哪里？）

2H：
① How——我清楚如何做吗？怎样执行？采取哪些有效措施？（完成任务有哪些步骤？用什么方法？有哪些工具？）
② How much——我做多少？做到什么程度为好？（任务有数量要求吗？成本控制在多少钱？）

图 4–1　5W2H 工具解析

案例链接
某班组 5W1H 工作计划制订

某班组 5W1H 工作计划制订（见表 4–2）。

表 4-2 某班组 5W1H 工作计划制订举例

序号	What 任务事项	Why 目的	Where 场所	When 时间	How 方法	Who 责任	Who 确认
1	盘点库存数量（马口铁、PVC）	把握库存	物料仓库	9月5—10日	①马口铁每日库存 ②PVC粒子每日库存	张×	王× 肖××
2	物料发单限催	确保物料到位	相关部门	9月11—15日	①发单检讨书 ②发单管理表	李×	黄××
3	冲压机及模具确认修理	冲压不良零件起皱、擦伤	冲压部	9月11—15日	①更换模具块 ②模具模芯研磨圆角半径	黄××	肖××
4	试模	确认尺寸和模效果	设备部等	9月15—16日	①从模具安装到试模 ②尺寸检查	罗×× 彭×	魏××
5	开始量产	1000个	生产部	9月15—20日	①工程确认 ②组装现状确认	陈××	周××

为什么要建立工作清单

很多班组长每天处于忙乱状态，一定程度上是因为缺乏一张工作清单。工作清单，就是把班组每日、每周、每月的例行工作和年度重点工作进行梳理，以便做到心中有数。另外，工作清单也可以提高班组长对日常工作的预判性和掌控性，起到时时提醒的作用。

案例链接
某班组工作清单

某班组工作清单（见表4-3）。

表4-3 某班组工作清单举例

序号	工作内容	时间周期	周期
1	现场各类仪表工作情况检查	每日	日工作
2	DCS机柜间卫生及工作状态检查	每日	
3	中控室操作站运行情况检查及数据巡检	每日	
4	挤出机运行情况检查及附属仪表检查	每日	
5	切粒机运行情况检查及附属仪表检查	每日	
6	助剂称运行情况检查及附属仪表检查	每日	
7	PC真空机运行情况检查及附属仪表检查	每日	
8	DPC真空机组运行情况检查及附属仪表检查	每日	
9	DPC在线分析小屋巡检	每日	
10	检查仪表伴热运行情况	每日	
11	DCS、UPS电源检查	每日	
12	处理运行中遇到的各种仪表故障	每日	
13	参加各种技术技能培训	每日	

续表

序号	工作内容	时间周期	周期
14	故障仪表汇总	周六	周工作
15	处理方法总结复盘	周六	
16	更新维修仪表台账	周六	
17	DCS 机柜大检查、卫生清理	周五	
18	机柜间灭火器检查	周五	
19	装置 PLC 机柜灰尘清理	每月 15 日	月工作
20	装置高处理仪表检查	每月	
21	统计备件使用情况，梳理需要提报的备件类别、数目	每月 20 日前	
22	月度工作、安全、培训情况汇总并提交	每月最后 1 日	
23	班组安全学习	每月 15 日前	
24	思想汇报	每月 20 日前	
25	半年工作总结	6 月底	半年工作
26	年度工作总结	12 月底	年度工作
27	参加公司、部门、班组组织的各种培训		不定期工作
28	参加公司组织的各项活动		
29	树立安全意识，发现不安全行为或隐患及时上报整改		

为什么要设计验收机制

很多人信誓旦旦定下了目标，但是随着时间的推移，很多事情不了了之，最大的原因是没有做检查验收。比如：一个人的减肥目标是当年 7 月 1 日前减到 120 斤，那么到截止日期前，就可以每周进行一次回顾总结，例如：这周饮食情况怎样？锻炼几次？减重几斤？体脂率有何变化？离目标值还差多远？……每一次回顾，都是回顾目标的过程，也是行动验收的过程。

验收机制在班组管理中也是非常重要的。在管理中有一个现象，不管是多小的一项任务，如果不设计一个验收机制，大家就会对工作的结果毫不在意，久而久之，团队的执行力相当于没有。所以，既然定了目标，有了计划，就一定要有跟踪检查和行动验收。特别是对关键任务的执行情况，可以设计检查清单，明确检查事项、关键节点和责任人，确保计划落实的有序性。

班组任务管理如何闭环

不管是在生活中还是工作中，有着闭环思维模式的人总是可以更高效地完成一件事情。他们做任何事情，总是能做到有始有终。事前，明确任务目标，并制订周密的计划；事中，按计划有序推进工作，并想尽办法克服障碍因素；事后，对成功的经验加以梳理，对失败的教训加以总结。凡事都能做到有目标、有计划、有检查、有改进。

闭环管理的依据是PDCA理论。特别强调，C和A是闭环管理中较为薄弱的环节，很多人在P、D环节后，在C的环节仅仅是对执行结果做了检查和考核，并没有进行认真的反思总结，所以也就谈不上做了A环节。而A恰恰是闭环管理中最重要的一环，因为组织经验往往是通过总结和反思获得的，不管是成功的经验还是失败的教训，如果没有进行深度的案例化反思和显性化经验沉淀，就无法实现智慧的闭环，业务精进也就无从谈起。

工具赋能：PDCA让执行有闭环（见表4-4）。

表 4-4　PDCA 的步骤和实施要点

步骤	实施要点
计划（Plan）： 制定目标，要做什么	制定某个任务或者事件的目标；通过分析现状，找出存在的问题或者影响因素，再列出相应的措施和行动计划
执行（Do）： 实现目标，怎么做	根据计划推进行动，配置资源、明确分工、责任到人；预判执行中的障碍点与卡点，排除干扰因素
检查（Check）： 检查验收，总结反思	设计验收机制，对关键任务做督导跟踪；检查执行结果，效果怎样；分清哪些对了，哪些错了，找出原因
处理（Action）： 接下来如何改进	对于检查和分析的结果进行处理，成功的经验要推广、标准化；失败的教训加以总结，以免重现；未解决的问题放到下一个 PDCA 循环

综上所述，SMART 让目标更清晰，5W2H 让计划更周密，PDCA 让执行有闭环。在日常工作中，班组长要有意识强化自己的闭环思维，干什么事情都要有始有终，不断反复，循环提升。

安全管理

班组如何理解"安全第一"

"安全第一"，是安全生产十二字方针（安全第一、预防为主、综合治理）的第一个关键词，也是班组在日常工作中强调最多的高频词。那到底怎么理解"安全第一"的真正内涵呢？

首先，"安全第一"是人类社会一切活动的最高准则。

"安全第一"明确了安全在生产经营活动中的重要地位，即必须把安全放在第一位。举个例子：在某市属公园最初的设计方案中，设计了一座精美华丽的超高层建筑,但是因为超过了当地消防部门的安全标准,为了保证工人的安全,最终这个设计方案被否决了。这就是坚持了安全第一的原则。

其次,班组应确保风险可控之下的"安全第一"。

很多企业在安全管理上追求的目标是零事故,但零事故不等于安全生产。安全的对立面不是事故,安全的对立面是风险。而风险是永远存在的,因为风险是一种可能性,也有一定的概率性,真正零风险的企业是不存在的。因此,班组日常生产中只能把风险控制在可承受的范围内,尽可能确保风险可控之下的"安全第一"。

最后,"安全第一"是企业生产运行的前提和基础。

安全和生产其实是分不开的,安全既是企业追求的目标,也是企业生产运行的前提和基础。只要做事就有可能犯错误,不做事永远不会犯错。那"安全第一"原则是不是在提倡"不要做任何事情"呢?全社会都不生产岂不是最安全?这当然也是一种错误的理解。这里需要强调的是:"安全第一"是在条件允许的情况下尽力做到"安全第一"。尽可能避免事故发生,尽可能减少事故损失。每一个班组都要履行自己的安全责任,遵章守制、标准作业,为企业的健康发展和效益增长保驾护航。

海因里希法则对班组有何启示

俗话说:"事故背后有征兆,征兆背后有苗头。"东汉史学家荀悦也说过:"一曰防,二曰救,三曰戒。先其未然谓之防,发而止之谓之救,行而责之谓之戒。防为上,救次之,戒为下。"由此可见,事故是可以预防的,并且预防比处理事故更重要。

对于事故预防,有一条十分著名的法则:海因里希法则。这条法则由美国著名安全工程师海因里希提出。海因里希对55万起生产事故做了统计,其中造成轻伤的事故有48334起,造成死亡、重伤的事故有1666起,其余则为无伤害事故,最终得出了1:29:300的比例。也就是说,每一起死伤事故的背后,有29起轻伤或故障事故,而29起轻伤或故障事故背后,又有300起无伤害事件,而这后面又隐藏着大量的不安全行为以及不安全状态。这也就是人们常提起的"事故金字塔",国际上也把这个法则叫事故法则(见图4-2)。

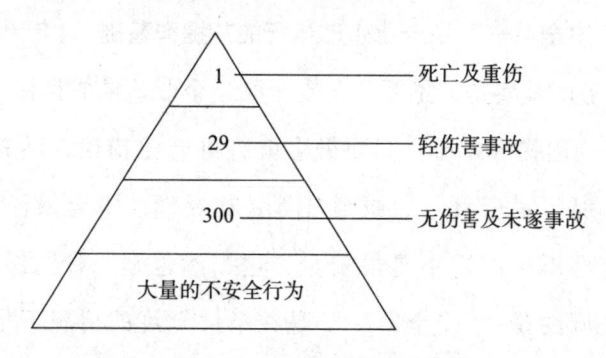

图4-2 海因里希事故金字塔

海因里希还发现,事故的发生不是孤立的,每一起事件都是相互关联的,它们之间构成了一个连锁关系。这就是著名的海因里希事故因果连锁论(如图4-3),它认为不同伤害程度的事故是因为一系列事件按照一定的顺序依次发生,即出现了多米诺骨牌效应:

第一,不良环境和先天遗传造成人的缺点。

第二,人的缺点又会引起人的不安全行为,以及因缺乏安全知识和技能而导致的不安全状态。

第三,人的不安全行为和物的不安全状态会导致事故的发生。

第四，事故发生会造成人员的伤亡。

不良环境先天遗传 → 人的缺点 → 不安全行为不安全状态 → 事故发生 → 人员伤亡

图 4-3　海因里希事故因果连锁论

危险的因素是绝对存在的，也就是说，人们无法改变这种客观存在的引起与被引起的关系，熟悉或者玩过多米诺骨牌的人都知道，只要推倒骨牌中的任意一个个体，整个骨牌就会产生连锁反应。因此，如果要预防事故的发生，就必须打破这种关系链。打破关系链最简单的方法就是移走其中任何一环，使这些因素不再具有连锁关系，事故也就不会发生（见图 4-4）。

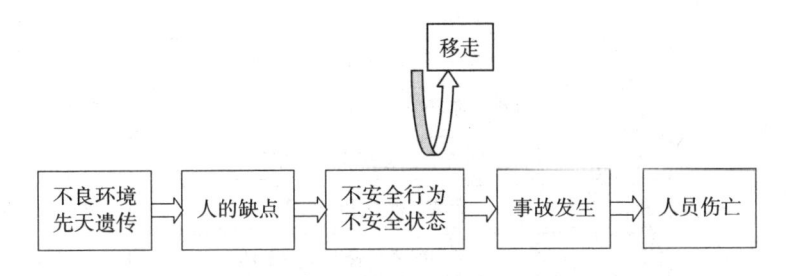

移走

不良环境先天遗传 → 人的缺点 → 不安全行为不安全状态 → 事故发生 → 人员伤亡

图 4-4　海因里希事故连锁断裂

由海因里希法则我们可以看出，大部分的事故是可以预防的。要避免事故，就像是漂浮在海上的冰川，不能只关注露出海面的部分，更要关注隐藏在海面之下的部分。事故是一个个不安全行为不断积累的必然结果。员工安全素养的养成，在于平时一件件事、一个个行为的养成及习惯塑造。所以在班组生产工作中，应该把"风险自辨自控、隐患自查自改"融入日常管理中，同时要在每天的工作中对员工不间断地进行安全意识培养、安全素养教育。

班组的安全管理如何对标杜邦十大安全理念

杜邦是美国的一家公司，也是全球安全管理学习和对标的对象。杜邦公司成立于1802年，200多年前，杜邦是一家主要生产黑火药的公司，100年前，它的业务重心转向全球的化学制品、材料和能源。杜邦公司最值得敬重的便是它的安全管理。通过200多年的努力，杜邦公司保持着优秀的安全纪录：安全事故率比工业平均值低1/10；杜邦员工在工作场所比在家里安全10倍；超过60%的工厂实现了零伤害率，杜邦每年因此而减少数千万美元的支出。杜邦公司为什么能在安全管理方面有如此骄人的业绩呢？这与它的安全文化分不开，杜邦十大安全理念也是被人们熟知和借鉴最多的（见图4-5）。

1	所有的安全事故都是可以预防的
2	各级管理层对各自的安全直接负责
3	所有的安全操作隐患都是可以控制的
4	安全是被雇用的条件
5	员工必须接受严格的安全培训
6	各级主管必须进行安全检查
7	发现安全隐患必须及时更正
8	工作外的安全与工作内的安全同样重要
9	良好的安全就是一门好的生意
10	员工的直接参与是关键

图4-5 杜邦十大安全理念

所有的安全事故都是可以预防的，所有的安全操作隐患都是可以控制的。这两句话看似简单，却有着深刻的影响，现在依然有很多人认为，像煤矿等高危行业出事故很正常，但存在这种侥幸心理就是错误的。杜邦的这两个理念对于企业安全管理工作有着深远的影响，不仅从观念层面改变了人们对事故和隐患的认知，而且帮助企业从制度层面、技术层面、管理方式等方面，重新制定了工人的标准化作业操作规范，有效强化了企业的安全保障形式，为企业安全生产筑牢了防线。

各级管理层对各自的安全直接负责。这个理念不仅强化了各级管理者的安全责任，更重要的是提出了"安全有感领导"，即领导者必须首先重视安全，有安全感召力，而且必须通过员工可以"看到、听到、体验到"的方式展现自己对安全的承诺。

安全是被雇用的条件。这一条也非常有意义，很多企业雇用员工，一般是先签了合同，然后再教员工怎么干活，怎么注意安全，违章了怎么处罚，等等。但杜邦公司直接把安全作为被雇用的条件，在劳务合同中明确规定并写明工种，以及详细的操作或行为标准，要求员工必须遵守，如果员工不遵守，公司就有权辞退他。这一理念背后强调的是"安全首先是员工自己的责任"的理念，强化了员工从"要我安全"到"我要安全"的自觉意识。

发现安全隐患必须及时更正。这一条虽然很多企业也都在强调，但是发现安全隐患能否做到及时整改，并不是每个企业都能做到位的。对这一条，杜邦公司管理层的做法是跟进行动计划，及时督促隐患整改落实，确保整改按期完成。

工作外的安全与工作内的安全同样重要。很多时候，企业认为工作中注意安全就行了，生活中员工的安全似乎是员工自己的事，但杜邦公司不这么认为，因为对员工意识的培养、习惯的养成、行为的炼化，必须融入其每一天的工作中，融入每一项作业细节中，融入每个人的血液中。

良好的安全就是一门好的生意。这体现了安全经济观，强调安全就是效益，一旦出了事故，直接损失能用数字衡量，间接损失却是不可衡量的。比如，对企业名誉的损害、对员工家属的情感伤害等，这些都是无形的。所以，良好的安全就是一门好的生意。

员工的直接参与是关键。没有员工的直接参与，安全就是空想；没有员工的直接参与，安全就不能落到实处。所以，安全是全体员工共同的责任。

管理变革，理念先行。杜邦公司的十大安全理念，不仅对于企业安全文化的塑造有着深远的影响，同时也对班组的安全工作有切实的指导意义。

班组如何开展三级安全教育

三级安全教育是企业最基本的安全教育制度，这里的"三级"分别指新入职员工和工人的厂级安全教育、车间安全教育和班组安全教育。企业只有对新入厂人员、调换新工种的工人进行三级安全教育，并考核合格后，才能安排其上岗工作。

1. 厂级安全教育

厂级安全教育是指新员工在被分配到车间和工作地点之前，由厂级人力资源部门组织安全部门对新员工进行的初步安全教育。本级教育的内容主要包括以下几个方面：

第一，讲解劳动保护的重要性和作用，树立新入厂员工的安全生产意识。

第二，介绍企业的安全工作发展史、企业生产特点和工厂设备分布情况等安全概况。重点介绍特殊设备的注意事项、工厂安全生产的组织机构、工厂的主要安全生产规章制度（如安全生产责任制、安全生产奖惩条例、防护用品管理制度等）。

第三，介绍企业员工奖惩条例，以及企业内设置的各种警告标志和信号装置等。

第四，介绍企业典型的安全事故案例和教训，向员工传授抢险、救灾和救人的基本常识，以及发生事故后的报告程序等内容。

2. 车间安全教育

车间安全教育是指新员工或调动工作的员工被分配到车间后，由车间安全负责人负责进行的安全教育。该级教育的内容主要包括以下几个方面：

第一，介绍车间的安全概况，包括：

（1）车间生产的产品、工艺流程及其特点。

（2）车间人员结构、安全生产组织状况及活动情况。

（3）车间危险区域、有毒有害工种情况。

（4）车间劳动保护方面的规章制度，劳动保护用品的使用要求和注意事项。

（5）车间事故多发部位、原因、相关的特殊规定和安全要求，介绍车间的常见事故和对典型事故案例的剖析。

（6）介绍车间安全生产中的典型人物和事例，车间文明生产方面的具体做法和要求。

第二，根据车间的特点介绍安全技术知识。

例如，在一间冷加工车间，生产现场具有金属切削机床多、电气设备多、起重设备多、运输车辆多、各种油类多、生产人员多和生产场地比较拥挤等特点。在工作时，机床旋转速度快、力矩大，要教育工人遵守劳动纪律，穿戴好防护用品，小心衣服、发辫被卷进机器，小心手被旋转的刀具擦伤。在装夹、检查、拆卸、搬运工件，特别是大件时，教育工人防止碰伤、压伤、割伤；擦车时要切断电源，并悬挂警告牌，清扫铁屑时不能用手拉，要用钩子钩；工作场地应保持整洁，道路畅通；装砂轮要恰当，附件要符合要求的规格，砂轮表面和托架之间的空隙不可过大，操作时不要用力过猛，站立的位置应与砂轮保持一定的距离和角度，并戴好防护眼镜；加工超长、超高产品时，应有安全防护措施等。

总之，各个车间均应根据各自的特点，对新员工进行安全技术知识教育。

第三，介绍车间重点安全知识，包括：

如防火知识，包括防火的方针、车间易燃易爆品的使用情况和注意事项、防火的要害部位及防火的特殊需要、消防用品放置地点、灭火器的性能及使用方法、车间消防组织情况、火险的处理方法等。

组织新员工学习安全生产文件和安全操作规章制度，教育新员工安全生产的要点和注意事项，强调生产时要听从上级指挥。

该级安全教育由车间主任或安全技术人员负责，授课时间一般需要4～8学时。

3. 班组安全教育

由于员工活动在班组，机具设备在班组，因此事故常常发生在班组。所以，对班组进行安全教育是非常重要的，班组安全教育的内容主要包括以下几个方面。

第一，讲解班组的生产特点、作业环境、危险区域、设备状况、消防设施等。重点介绍高温、高压、易燃易爆、有毒有害、腐蚀、高空作业等可能导致事故发生的危险因素，讲解班组容易出事故的部位和典型事故案例。

第二，讲解各个岗位使用的机械设备、工具的性能，防护装置的作用和使用方法；讲解各个工种的安全操作规程和岗位责任，重点讲解思想上应时刻重视安全生产，自觉遵守安全操作规程，不违章作业，爱护和正确使用机器设备和工具；介绍各种安全活动以及作业环境的安全检查和交接班制度；告诉新员工发生事故时的注意要点，强调应及时向上级报告，并学会如何紧急处理险情。

第三，讲解如何正确使用、爱护劳动保护用品和文明生产的要求。要强调机床转动时不准戴手套操作；高速切削时要戴保护眼镜；员工进入车间要戴好工帽；进入施工现场和登高作业，必须戴好安全帽、系好安全带；工作场地要整洁，道路要畅通；物件堆放要整齐等。

第四，实行安全操作示范。组织有经验的老员工进行安全操作示范，边示范，边讲解。重点讲解安全操作要领，说明怎样操作是危险的，怎样操作是安全的，不遵守操作规程将会产生什么后果等。

另外，班组安全教育也是一项常抓不懈的日常性工作，应坚持"全时段、多样化"的原则。

第一，全时段，是指安全意识的培养，不仅存在于上班的8小时，也存在于工作之外的安全思想意识强化。比如，员工的上下班是安全教育不可忽略的重要环节，路途中的不确定因素很多，尤其雨天、雪天和夜班更要强调安全出行。一个小的疏忽就可能酿成大的事故，影响员工的正常工作和生活，甚至危及生命。所以，班组安全教育要始终贯穿班前、班中、班后全时段，不得松懈。

第二，多样化，是指在安全教育的形式、方法和活动载体方面，可以多样化、创新化，做到"老生新谈"。比如，通过每日一问、每周一案例、每月一考试、安全宣誓活动、安全情景剧、安全漫画、安全知识竞赛、安全大家谈等方式，让员工时时刻刻感受到安全的重要性，从"要我安全"转变为"我要安全""我能安全"。

班组如何开展危险源辨识

危险源是事故产生的源头，是威胁企业安全的头号大敌。要防范安全事故，关键就在于找到危险的源头，对造成安全问题的危险源进行识别和预防。在班组工作现场，危险源主要包括工作环境、平面布局、运输路线、施工工序、施工机具和设备、危险性较大设备和高处作业设备、特殊装置与设备、有害作业部位、各种设施以及劳动组织生理、心理因素和人机工程学因素等各个方面。辨识危险源虽然说起来很容易，但是在实际工作过程中想要完全预防危险发生并非易事。所以企业必须做好辨识危险源的准备工作。班组长要组织班组全员开展常态化的风险辨识活动，做到对本班组管辖范围内的重大危险源了如指掌，对日常作业中的风险点心中有数。

通过对班组实际工作经验的总结，我们已经发现了不少辨识危险源的有效方法。

1. 观察法

在班组的环境中，班组长要通过"上班看脸色、吃饭看胃口、干活看劲头、休息看情绪"来发现班组成员的心理、体力变化，及时发现问题（安全不放心人，即人的安全隐患），采取措施（排除或控制隐患）加以解决。

2. 安全检查表辨识法

辨识小组按辨识内容编制安全检查表，着重从作业状况、发生事故因素、潜在危险、重点对策、预防措施等方面下功夫。让班组每个成员都能从人、机、料、法、环等方面细化分析，认真填写《危险源辨识、风险评价和风险控制一览表》，以此来提高自我保护能力和事故处理能力。

3. 作业条件危险性评价法

对所承担的项目、任务可能会发生哪种伤害，引发哪类事故（如触电、起重伤害、落物坠人、火灾爆炸、中毒窒息等）等都要在作业前仔细预想，并运用"作业条件危险性评价法"进行评价，分析发生事故可能造成的后果及风险等级划分，分别列出对策加以落实，防患未然。

4. 案例学习法

班组长根据生产特点、作业内容，利用相关知识，定期将历史上这一月或这一周发生的事故案例列出并作简要的分析评论，还可以利用班前会，把"岗位红线"知识、操作规程、自保互保技能，以及与当日工作性质相关的案例分享给班组成员，强化他们对于风险的预判，并落实好相应的预控措施。

5. 工序分析法

班组生产是一个完整流程，每个岗位都是这个流程上的一道工序，而事故危险源就隐藏于这一道道工序之中，所以工序分析法是辨识危险源的重要方法之一。例如，根据井下班组工作的工序，危险源辨识可以是：员工上班出家门—员工到单位—开班前会—换衣下井—入井坐皮带—到达工作岗位—（开始工作—按工序）工作过程—完成工作—返回地面—洗澡更衣—班后会—下班回家的过程中可能发生的危险，这样排列出来，逐一辨识，汇集成表。

6. 培训考核法

班组要有计划地组织安全技术培训，对特殊工种要按期进行特种作业考核复审，也可进行多项技术培训、模拟常见的设备故障，辨识危险源，找出安全对策，营造良好的班组安全文化氛围。

工具赋能：风险辨识（见图 4-6）。

班组如何做好安全确认

据有关生产事故原因调查统计发现，由于没有确认操作对象和环境是否安全而引发的事故占事故发生频次的 65%；由于未确认行走路线是否安全而引发的事故占事故发生频次的 8.5%；由于未确认上级指令而出现操作失误的占事故频次的 6.5%；由于停车、停电未对系统检查

风险辨识的提问法

正向思考 ⇄ 反向思考

- 存在什么危害（危险源）？
- 谁（什么）会受到伤害？
- 伤害怎样发生？

- 谁（什么）会受到伤害？
- 伤害怎样发生？
- 存在什么危害（危险源）？

风险辨识中常用的提问

序号	提问	序号	提问
1	安全带没有系牢，是否有高空坠落风险？	6	操作没有按要求逐项进行，是否存在误操作风险？
2	未经许可进入现场，是否有误入带电间隔风险？	7	装设接地线没有记录，是否有漏拆的可能？
3	没有进行验电，是否有触电可能？	8	未按巡视线路进行，可能接触到带电设备吗？
4	跨越带电线路，是否有感应电伤人可能？	9	现场有高空作业时，身体可能受到物体打击吗？
5	拆接检修电源不规范，可能导致触电吗？	10	安全设施、机械和工器具存在危险吗？

图 4-6　风险辨识举例

确认而引发的事故占事故频次的 5%。通过此项调查统计我们可以看出，未进行安全生产确认是导致生产事故发生的重要原因。实施"安全生产确认制"是搞好班组安全生产、预防事故发生的重要保障。

所谓安全生产确认制，是指用反复核实、监护、复诵、设标志提醒等方法，在生产前或生产过程中，对班组易发生生产事故的因素，必须做到正确、准确地操作和执行，以避免由于猜测、误会、遗忘、疲劳、走神等因素而导致失误。

通过实行安全生产确认制，企业可以做到：加强对班组工作的事前管理，通过班组员工的努力，消除生产现场的不安全行为；加强班组的现场安全管理，实现班组安全管理的自主化和安全生产的标准化；充分调动班组员工的工作积极性，增强员工的安全意识，规范员工的安全行为。

下面以某电厂一线班组为例进行说明。该班组的安全生产确认制要求是，生产过程中要明确通行确认、作业确认、联系确认、设备开车确认及设备停车确认等各项内容（见图4-7）。

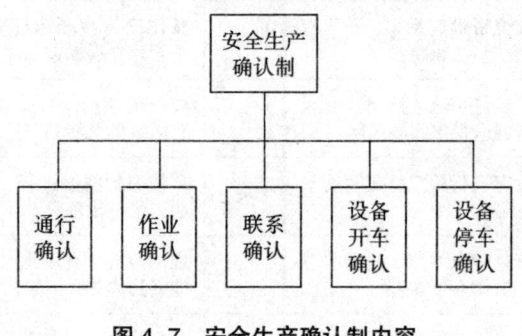

图4-7 安全生产确认制内容

1. 通行确认

下面的这个案例就是本不应发生的事故。

某电厂燃料部机械维修工作负责人罗某办好"斗轮堆取料机定期加油"工作票后，带3名加油工进行斗轮堆取料机加油工作。加油工作结束，需要清理回转平台下面油槽里的积油。临时工付某为图方便，擅自揭开回转平台上的一块格栅，未采取任何防止人员坠落的安全隔离措施，又未及时恢复，也未向任何人交代。工作负责人在平台的另一端，没有发现格栅被揭开。清理油槽工作完成后，工作班人员撤离，工作票未结束。司机陈某在对斗轮堆取料机进行设备例行巡回检查时，从揭开的格栅高处掉下，造成腰椎体压缩性骨折、胸椎体轻度压缩性骨折、左前臂腕关节骨折。

在班组生产现场行走时，要在确认通道没有危险的情况下才可通过，即通行确认。在进行通行确认时，要严格按照以下程序进行：

第一，查看通道及警示标志。即在行走之前对要行走的通道是否畅通、是否有警示标志进行仔细查看，确认其是否有安全通行的条件。在施工现场及车间厂房等地必须设置必要的安全通道，并设置明显标志。

第二，判断不安全因素。即在行走过程中对四周是否会遇到不利于安全通行的因素进行判断，确认能否继续通行。

第三，对通道进行查看，判断安全无误后即可通过。

2. 作业确认

作业确认主要分为作业前确认、作业中确认、作业后确认三个阶段。

作业前确认：必须在对操作对象的名称、作用、程序等确认无误的情况下才能进行操作，即：在实施操作前，作业人员要想一想生产操作程序、安全操作规程等内容，以确认安全注意事项；作业人员要查看人机结合面是否存在缺陷和隐患、操作定位是否正确、安全防护装置是否正常等。

作业中确认：作业人员要对自己是否按照安全操作规程操作不断地进行确认，确认自己的行为不会伤害自己和他人；作业人员在操作过程中，要检查每一个做完的操作动作，以及完成动作后操作对象反馈的信息是否正确。

作业后确认：作业人员要对操作设备是否已按规定停机、操作按钮是否都处于停止状态进行确认。

3. 联系确认

联系确认是指在生产过程中，应该由一个人进行呼唤或指挥，且呼唤者或指挥者发出的指令不能繁杂冗长，避免被指挥者重复失误或记录错误，导致事故发生。

指挥者要确认其指令与生产系统中的安全要求、生产区域的安全要求、执行者的安全要求不互相冲突；要确认其指令是令行还是禁止，如果是禁止令，执行者还要确认禁止令是已解除，还是在延续。

4. 设备开车确认

第一，检查修理及作业完毕的设备开车确认。对有送电权力的人员和有开车权力的人员进行确认；对开车指挥人员及安全负责人进行确认，一般情况下，二者是同一个人；对下一级的开车指挥人员和安全负责人进行确认，一般情况下，二者也是一个人；确认开车指令下达前工作票制度是否已正确执行完毕。

第二，备用设备开车确认内容。对开车程序是否正确进行确认；对工作票制度是否已正确执行完毕进行确认；对同意送电和开车的上一级指挥者进行确认；对开车设备安全保护装置是否符合安全标准进行确认。

5. 设备停车确认

设备停车确认主要是对停车的目的、停车的安全程序是否已执行完毕进行确认，进行停车检查修理的设备一定要在工作票上对断料、断水、断电、监护人等进行确认。

总的来说，在班组生产活动中，实施安全生产确认制就是做好"一看、二准、三操作"。要求每位员工在操作之前和操作之中都必须做到：

"一看"：要看自己使用的工具、设备、工作对象和周围环境是否符合安全生产要求。

"二准"：要准确无误，符合有关规章制度，达到确认、确信、确实安全无误的程度。

"三操作"：要按章操作，做到自觉化、习惯化。

班组如何杜绝习惯性违章

从前，一个学徒用冬瓜练习剃头，每次他练习结束后，都会将剃头刀插在冬瓜上，久而久之，这成了他的一个习惯。一天，为了考验学徒的技艺，师傅就让学徒为他剃头，就在理发快要结束时，学徒将师傅的头当成了练习用的冬瓜，习惯性地一刀插在师傅的头上。这虽是一则笑话，但是试想一下，在班组生产中，许多班组成员是不是也像这个学徒一样，养成了习惯性违章的坏习惯呢？这就为班组安全生产中的事故隐患提供了缺口。

习惯性违章是员工在长期工作中逐渐养成的不规范、不安全的工作习惯，是违反安全操作规程的行为。例如，在高空作业时习惯不系安全带，在装置现场习惯不戴安全帽，在易燃易爆危险场所习惯开着通信工具等，这些行为都属于习惯性违章，它是诱发生产安全事故的重要原因。据相关统计数据表明，多达60%~70%的事故是人的"三违"行为引发的。

安全操作规程是为了保证安全生产制定的，操作者一旦违反了它，就有可能付出伤残甚至生命的代价。因此，每一个员工都必须严格按照安全操作规程的规定，按步骤、按技术、按规定进行准确操作，从而保证操作的安全。安全操作规程的制定和执行，实际上是为员工的操作安全装上了一道护身符，可以有效地保证其操作的安全。所以，一方面班组员工要严守操作规程，不违章操作，不乱操作；另一方面班组长不能对习惯性违章行为听之任之，应采取措施杜绝习惯性违章行为，确保班组安全生产。

1. 找出习惯性违章现象

根据以前的作业情况，对照安全规定和各项规章制度，认真查找违章表现，然后通过学习，使班组员工都清楚违章的每一种表现，防止违章行为出现（见表4-5）。

表4-5　某班组员工违章表现一览表

序号	违章类别	违章表现
1	违反劳动纪律	（1）在工作场所和工作时间内聊天、打闹 （2）在工作时间脱岗、睡岗、串岗 （3）在工作时间内看书、看报或做与本工作无关的事 （4）酒后进入工作岗位 （5）未经批准，开动本工种以外设备
2	不按规定穿戴劳保用品	（1）留有超过颈根以下长发、披发或发辫，不戴工作帽或戴帽不将头发置于帽内就进入有旋转设备的生产区域 （2）高处作业或在有高处作业、有机械化运输设备处下面工作且不戴安全帽的 （3）操作旋转机床设备或进行检修试车时，敞开衣襟操作的 （4）在易燃、易爆、明火等作业场所穿化纤服装操作的 （5）车间、班组等生产场所赤膊，穿背心的 （6）从事电气作业不穿绝缘鞋的 （7）电焊、气焊（割）、碰焊、金属切削等加工中有可能有铁屑异物溅入眼内且不戴防护眼镜的 （8）高处作业位置非固定支撑面上、在牢固支撑面边缘处、在支撑面外、在坡度大于45度的斜支撑面上工作未使用安全带的

续表

序号	违章类别	违章表现
3	违反安全生产管理制度	（1）操作前不检查设备、工具和工作场地就进行作业 （2）设备有故障或安全防护装置缺乏，凑合使用 （3）发现隐患不排除、不报告，冒险操作 （4）新进厂工人、变换工种复工人员未经安全教育就上岗 （5）特种作业人员无证操作 （6）危险作业未经审批或虽经审批但未认真落实安全措施 （7）在禁火区吸烟或明火作业 （8）封闭厂房内安排单人工作或本人自行操作的
4	违反安全操作规程	（1）跨越运转设备，设备运转时传送物件或触及运转部位 （2）开动被查封、报废设备 （3）攀登吊运中的物件，以及在吊物、吊臂下通过或暂留 （4）任意拆除设备上的安全照明、信号、防火、防爆装置和警示标志，以及显示仪表和其他安全防护装置 （5）容器内作业时不使用通风设备 （6）高处作业时往地面扔物件 （7）违反起重"十不吊"及机动车辆驾驶"七大禁令" （8）戴手套操作旋转机床 （9）冲压作业时手伸进冲压模危险区域 （10）开动情况不明的电源或动力源开关、闸、阀 （11）冲压作业不使用规定的专用工具 （12）冲压机床配备有安全防护装置而不使用 （13）冲压作业时"脚不离踏"的 （14）站在砂轮正前方进行磨削的 （15）调整、检查、清理设备或装卸模具测量工作等不停机断电的

2. 推行作业标准之"一事一标"

标准化作业是最安全、最科学、最合理、最有效的规范化作业。班组应该对每一项作业项目都制定严格的"一事一标"，将作业准备、作业实施、作业善后处理的具体操作步骤，以及操作方式、作业进度、作业的关键点和待检点等都进行规范化，尽可能减少作业的随意性，也为消除习惯性违章操作提供了有力保障（见表4-6）。

表 4-6　某班组"一事一标"模板

品名		工序		工序名称	
使用机器		标准规格			
工模夹具		标准规格		标准作业时间	
环境条件： 1. 说明 2. 空气 3. 室温 4. 卫生			产品略图		
操作程序					
程序	作业名称	作业方法		设定参数	注意事项
①					
②					
③					
④					
⑤					
⑥					
⑦					
⑧					
⑨					
⑩					
批准		审核		编制	

说明：1. 作业标准书（SOP）每工序均应制订；
　　　2. 随产品设计、作业方法、机器设备变更而修订。

3. "三违"行为分析与治理

"三违"即违章指挥、违章作业、违反劳动纪律。在班组生产中，人的不安全行为最直接体现就是"三违"，"三违"中表现最为突出的是违章作业。"三违"行为包含故意性"三违"和无意性"三违"。故意性"三违"是指行为主体明知道自己的行为是违反安全法规、规章或其他的安全规定，但由于某种冒险动机的作用，使他们有意地进行可能带来危险的操作或指挥。如在生产现场不戴安全帽，固定岗位脱岗、串岗，不戴自救器私自下井，违章指挥等行为。这些"三违"行为尽管表现形式各不相同，却有一个共同的特点，即"冒险"。无意性"三违"是指行为主体对自己行为的不安全性质或危险性并没有清醒的认识，是一种非故意的行为。这类"三违"主要是由于人的心理、生理、技术水平，以及管理、培训、教育、社会环境等原因，导致人在信息处理过程中无法感知或感知错误、判断失误、配合不好、动作迟缓、人为失误等造成的。例如：由于欠缺相应的知识和经验，造成对设备的运行状态判断失误；由于长时间从事单一作业，因疲劳而对周围环境造成反应迟钝等。这类"三违"一旦被人们认识到了，就可以及时加以纠正。

遏制"三违"行为，要做到思想上高度重视，态度上刚性铁腕，行动上雷厉风行。"三违"行为分析模型如图4-8所示，"三违"行为治理体系如图4-9所示。

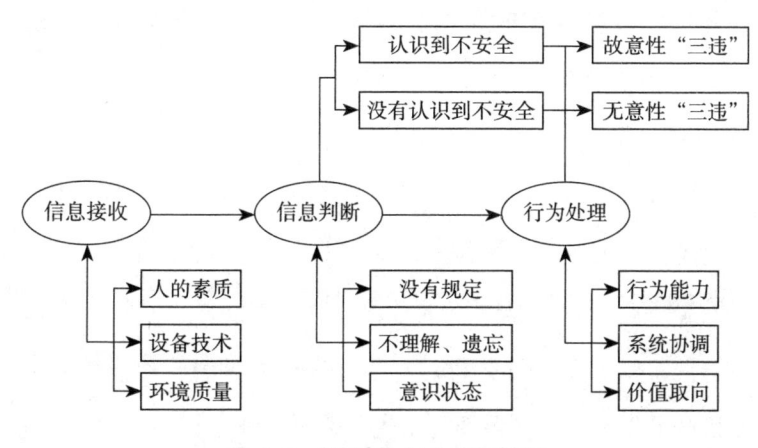

图4-8 "三违"行为分析模型

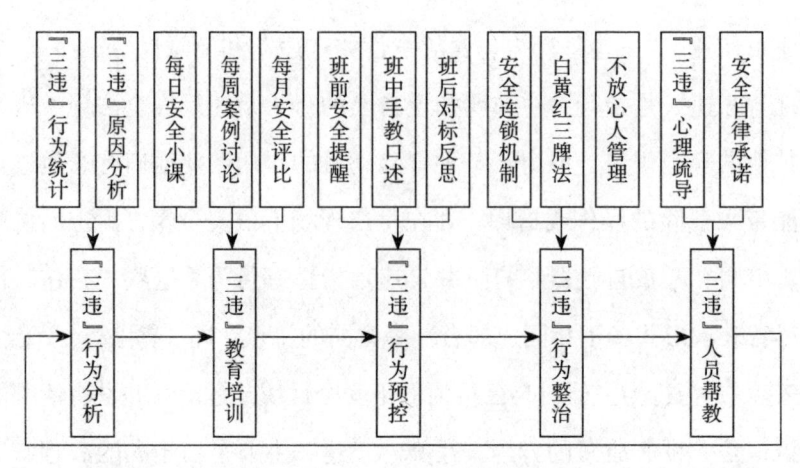

图 4-9 "三违"行为治理体系

案例链接
某企业"三违"相关制度

某企业"三违"相关制度举例。

"三违"分析通报及专项整治制度

强化不规范行为分析制度，分周期对"三违"进行分析，总结规律，及时、准确掌握容易发生的时间段、违章群体、共性违章和新出现的特性违章行为等，便于及时采取有效应对措施，弥补管理漏洞。

1. 班组长安排专人对不规范行为进行每日落实、分析、考核，以日报表形式，每天调度会报相关领导审阅并进行通报。

2. 在每日分析的基础上，进行周分析，重点对上一周发生的不规范行为按队组、专业进行分析，对不规范行为控制较差队组及本专业内行为控制不作为科室在调度会上进行通报批评。

3. 在日分析、周分析的基础上，每月进行月度分析。主要是对月度"三违"发生情况进行全面了解，分区域、分队组、分时间段、分人员组成等情况进行梳理分析，找出导致"三违"发生的主要因素，以加强防范。其次对本月不规范行为的查纠情况、本月发生率较高的违章和典型的造成严重危害的违章进行统计汇总，便于开展月度"三违"行为的专项整治和对各科队各级的排名、考核、通报。

4. 在月度分析的基础上，针对发生率较高或危害程度较大的典型"三违"行为，以月度为周期在全矿范围内进行专项整治活动。

5. 专项整治期间，三牌转换升级、考核处罚升级，并与队组管理人员挂钩考核。

6. 把专项整治的"三违"行为作为科队自主抓安全管理的重要依据，每发生一起扣除队组自主抓安全2分。

"三违"正向激励制度

对违章人员实行正向激励和心理帮助，杜绝以罚代管现象，最大限度调动违章人员纠正错误行为和错误心理的积极性和主动性，建立和谐、全面、高效的"三违"管控平台。

1. 对能够及时制止严重违章行为，有效预防各类事故发生的各级管理人员和员工（除安监人员外），一经落实情况属实，班组科将酌情给予奖励。

2. 对月度受到黄牌、红牌经济处罚的违章人员（红牌行政处罚的除外），如一季度内没有发生违章行为，班组科要给予奖励。奖励金额与所受处罚金额相同。

3. 对月度受到黄牌、红牌经济处罚的违章人员（红牌行政处罚的除外），如一季度内仍然发生违章行为，不予奖励，正向激励顺延。

4. "三违"人员的罚款单、奖励单，班组科要通知到违章人员家属，切实发挥家属帮教作用。

5. 对受到红牌处罚的"三违"人员，班组科必须组织其到安全心理咨询室进行心理咨询，违章人员要积极配合。

6. 井下员工和科室管理人员（安监人员除外）在个人举报、查纠不安全行为方面，除完成当月指标外，多查纠的"三违"行为，一经落实情况属实，班组科将给予奖励。

7. 队组控制"三违"百人发生率较上月有所下降，将分别给予1000～3000元的奖励，队组控制"三违"百人发生率较上月上升，将分别给予1000～3000元的处罚。

班组安全"四控"如何落地

1. 班组"一日一控"

"一日一控"针对每一个工作班次，从班前、班中、班后分别进行针对性管控，实现每日工作循环的全流程、无缝隙、闭环式管控。

案例链接
某煤矿班组"一日一控"

某煤矿班组"一日一控"（见图4–10）。

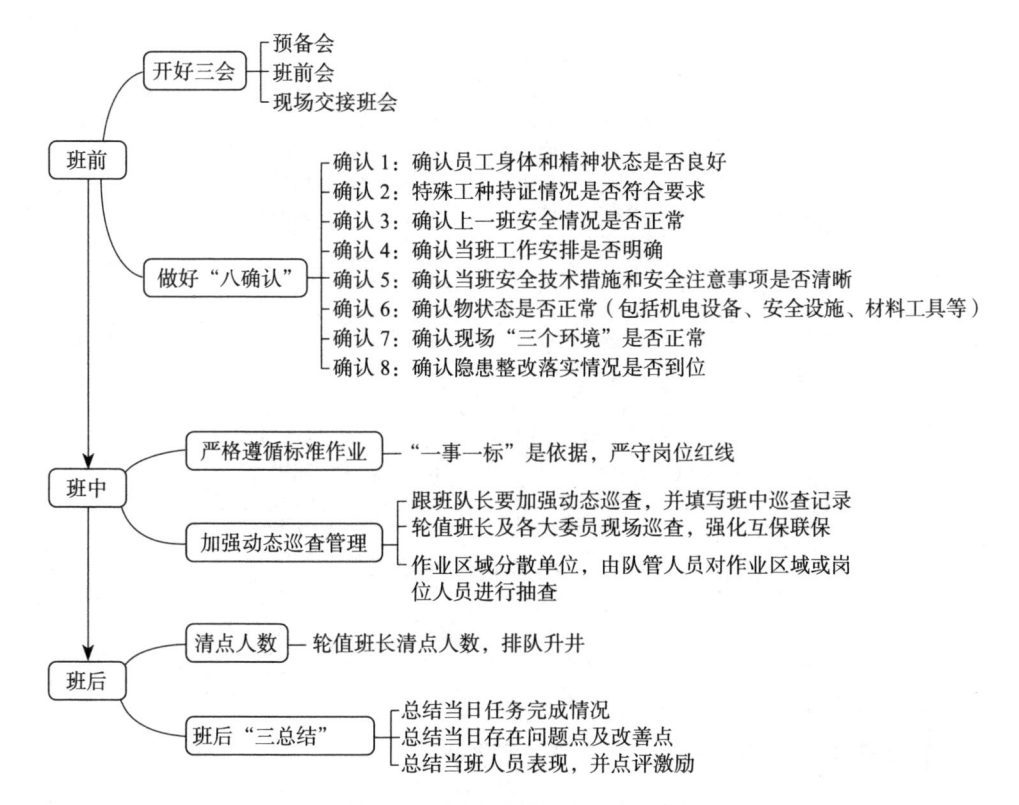

```
                  ┌ 预备会
         ┌ 开好三会 ┼ 班前会
         │        └ 现场交接班会
         │
 班前 ────┤         ┌ 确认 1：确认员工身体和精神状态是否良好
         │         ├ 确认 2：特殊工种持证情况是否符合要求
         │         ├ 确认 3：确认上一班安全情况是否正常
         └ 做好"八确认"┼ 确认 4：确认当班工作安排是否明确
                   ├ 确认 5：确认当班安全技术措施和安全注意事项是否清晰
                   ├ 确认 6：确认物状态是否正常（包括机电设备、安全设施、材料工具等）
                   ├ 确认 7：确认现场"三个环境"是否正常
                   └ 确认 8：确认隐患整改落实情况是否到位

         ┌ 严格遵循标准作业 ── "一事一标"是依据，严守岗位红线
 班中 ────┤
         │                ┌ 跟班队长要加强动态巡查，并填写班中巡查记录
         └ 加强动态巡查管理 ┼ 轮值班长及各大委员现场巡查，强化互保联保
                          └ 作业区域分散单位，由队管人员对作业区域或岗
                            位人员进行抽查

         ┌ 清点人数 ── 轮值班长清点人数，排队升井
 班后 ────┤
         │              ┌ 总结当日任务完成情况
         └ 班后"三总结" ┼ 总结当日存在问题点及改善点
                       └ 总结当班人员表现，并点评激励
```

图 4-10 某煤矿班组"一日一控"

2. 班组"一人一控"

事实证明，多数事故的发生都与人的因素有着千丝万缕的联系，而每个人因其个体特征的不同，在同样的作业任务中，不同个体存在的风险也不同。"一人一控"就是在"一岗一标"的基础上，引导每位员工对照岗位标准和要求寻找自身差距和短板，并根据其个体差异性特征进行有效的风险梳理、防范和严控，从而有效提高个体风险预识、预判和预控的能力。企业可以通过对照 26 种"不放心人员"（见图 4-11），让每位员工以"照镜子"的形式进行自我诊断或相互评议，增强自我防范意识。

26种"不放心人员"	
1. 带病作业"危险人"	14. 变换工种"改行人"
2. 力不从心"体弱人"	15. 冒险蛮干"冒险人"
3. 器官障碍"隐患人"	16. 冒失鲁莽"勇敢人"
4. 年龄偏大"老年人"	17. 盲目指挥"糊涂人"
5. 违章作业"胆大人"	18. 吊儿郎当"马虎人"
6. 难事缠身"抑郁人"	19. 满不在乎"粗心人"
7. 急于求成"草率人"	20. 盲目侥幸"麻痹人"
8. 心神不定"烦心人"	21. 投机取巧"大能人"
9. 手忙脚乱"急性人"	22. 不愿出力"懒惰人"
10. 固执己见"怪癖人"	23. 满腹牢骚"气愤人"
11. 追求任务"近利人"	24. 技能低下"低能人"
12. 休息欠佳"疲劳人"	25. 不学习的"落伍人"
13. 初出茅庐"年轻人"	26. 出勤异常"随便人"

图4-11 26种"不放心人员"

案例链接
某企业对"不放心人员"的管理规定

某企业对"不放心人员"的管理规定。

"不放心人员"管理规定

为强化对"不放心人员"的安全管控，杜绝零敲碎打事故，保证安全生产，特制定本管理规定，相关单位要严格执行。

一、新工人安全管控

1. 新工人上岗满四个月，暂不予更换安全帽，待上岗满一年，且保证出勤（每月18个井下出勤），方可更换安全帽。

2. 新工人上岗满四个月，继续履行师徒合同，不得单独上岗。

3. 由于新工人数量较多，为保证安全生产，上岗未满四个月的新工人，需安排专职副队长和至少一名老工人带领监护集体作业，且不得进入工作面作业和处置变化环节。

4. 上岗未满四个月新工人入井前，需提前到安监处批示申请，要求注明作业内容、作业时间、作业地点、现场监护人员，经签字审批送往安全调度，方可入井。

5. 安全调度要加大对新工人管控力度，满四个月新工人未履行师徒合同的，上岗未满四个月新工人未经审批下井作业的，新工人现场作业内容、作业时间、作业人员、监护人员与审批申请不符的，均按严重违章上报。

二、"三违"多发人员管控

1. 由班组科对"三违"人员进行统计分析，将每月发生三次一般违章、两次严重违章、造成重大未遂事故的人员下发下岗通知书。

2. 教育科要合理组织安排下岗人员进行安全培训，并组织考试，严格执行考试标准，合格方可上岗。

3. 班组科将1—9月份"三违"多发人员名单，下发到责任队组、安全调度，并在井口公示，队组要一对一采取措施，重点帮扶监护，安全员要加大"三违"多发人员的监护力度。

4. "三违"多发人员在违章后三个月内，再次出现违章行为，责任人要立即下岗强训，并否决队组正职、跟班负责人、跟班安全员。

三、单岗作业人员安全管控

1. 各单位要根据实际情况，完善、修订、制定本单位的《查岗及反查岗制度》及《单岗作业人员专项台账》。

2. 各单位要强化值班队干部责任心，确保《查岗及反查岗制度》执行到位。同时安排人员对薄弱区域、薄弱时间段进行不间断重点巡查。

3. 安监处每周组织人员对队组单岗人员的管理制度执行情况进行

检查，发现执行不到位的严格按照安全工作不落实追究责任。同时加大安监小分队的巡查力度，发现一起通报考核一起。

四、"三长"（长旷、长病、长假）人员安全管控

1."三长"人员上岗前应先到班组科进行登记，班组科根据登记情况与教育科对接安排培训。

2.教育科要严格按新工人培训标准对"三长"人员进行培训，同时要将"三个百分之百""三个全覆盖"及近期下发文件、管理规定等纳入培训内容，安监处对培训全程进行监督。

3.安监处与教育科联合对"三长"人员的学习情况严格进行考试，考试合格方可上岗，否则责令其重新培训。

五、换岗人员安全管控

1.新工人满四个月，且出勤符合规定（每月18个井下出勤），方可给予更换安全资格证，严格经过岗位培训考试，熟练掌握相应工种"三个百分之百""三个全覆盖"方可给予办理岗位工种证件。

2.工作调动、工种更换人员，必须经教育科进行岗位技术培训考试合格，熟练掌握相应"三个百分之百""三个全覆盖"内容，办理岗位工种证件方可上岗。

六、生理缺陷人员安全管控

1.各单位要将本单位存在生理缺陷人员摸底排查，一对一制定安全管理措施，方可安排上岗。

2.各单位要将生理缺陷人员名单于18日前排查完毕，连同安全管理措施，一同报送安监处备案，安监处安排人员逐一进行监察，落实措施执行情况，对措施制定不合理或措施不执行的，严格追究安全工作不落实责任。

3. 班组"一事一控"

班组"一事一控"是指在"一事一标"基础上的针对性风险预控。主要做法如下：针对每一项作业任务，都要严格按照"一事一标"进行标准作业；对于复杂施工，要制定完整的作业方案或作业计划；针对不同作业条件要评估可能出现的各种不安全因素，围绕人员、设备、环境、管理，全面辨识各个作业环节的风险点，做到超前预判，并制定针对性的风险预控措施；采取动态检查、定期检查、突击检查等方式，对作业方案、施工措施、安全隐患整改以及安全生产质量标准化进行监督管理，发现问题按照"五定"（定责任人、定整改期限、定整改措施、定整改人员、定整改标准）原则督促整改，实施闭环管理。

"一事一控"还要强调动态管理。比如，某煤矿班组针对地质条件复杂、各种灾害严重等具体情况，重点加强对"五个变化"动态管理，并做好针对性的风险预控措施。

第一，工序变化。生产现场工序变化，跟班队长要及时通知施工单位负责人，施工单位负责人迅速入井，根据现场实际情况，做好工序的调整工作。

第二，工艺变化。施工工艺发生变化，跟班队长及时汇报给技术员，技术员迅速向分管副总汇报，由分管副总牵头，组织安全生产科室及施工单位召开现场会，做好工艺调整工作。

第三，人员变化。新提拔管理人员、新工人、借调人员、离岗返岗人员等发生变化，区队管理人员、分管矿领导、驻矿安监处管理人员必须在现场加强监督管理，做好导师带徒工作，确保作业安全。

第四，环境变化。施工地点变换、地质条件等发生变化，跟班队长要及时汇报给调度室，由分管副总、职能科室分管主任、队长、技术员迅速入井，根据现场实际，制定针对性措施，确保安全施工。

第五，设备变化。 新设备投入使用、设备发生故障、设备交接等，施工单位、交接单位、机电办及机电矿领导必须及时入井，进行现场指导和隐患处理，确保设备安全投入使用和运行安全。

4. 班组"团队联控"

第一，区域内联控。 同一作业单位内部两人以上作业区域、有关联岗位之间采取联保、互保方式，对现场安全风险、隐患处理等进行管控，并明确一名具体负责人，全面落实各项工作安排。

第二，专题平衡会。 各作业单位之间，因某项工作需要共同承担作业任务或协作，召开专题平衡会明确具体施工任务、协作方式、安全责任。

质量管理

如何理解质量的含义

广义的质量是指产品、体系或过程的一组固有特性满足规定要求的程度。根据这一含义，质量可分为产品质量、工序质量和工作质量。质量是企业的生命线。想要打造出一流企业，必须以提供一流的质量作为前提。

产品质量是指产品适合于规定的用途以及在使用期间满足顾客需求的程度。这里的"产品"包括有形的实物产品和无形的服务。

工序质量是指工序能够稳定地生产合格产品的能力。

工作质量是指企业管理、技术和组织对达到质量标准和提高产品质量的保证程度。

产品质量、工序质量和工作质量是相互联系的。工序质量和工作质量是产品质量的保证，产品质量是工序质量和工作质量的结果和反映。发现产品质量问题，首先要从工作质量和工序质量上找原因，通过改进工作质量，改善工序质量，进而提高产品质量。

中华人民共和国国家标准 GB/T19000–2016（等同于国际标准 ISO9000：2015）对质量的定义是：客体的一组固有特性满足要求的程度。其中，"特性"指"可区分的特征"，可以有各种类的特性：

（1）物的特性，如机械性能。

（2）感官的特性，如气味、噪音、色彩。

（3）行为的特性，如礼貌。

（4）时间的特性，如准时性、可靠性。

（5）人体工效的特性，如生理的特性或有关人身安全的特性。

（6）功能的特性，如飞机的最高速度。

"要求"指"明示的、通常隐含的或必须履行的需求或期望"：

（1）明示的：可以理解为规定的要求，如在文件中阐明的要求或顾客明确提出的要求。

（2）隐含的：指组织、顾客和其他相关方的惯例或一般做法，所考虑的需求或期望是不言而喻的。

（3）必须履行的：指法律法规要求的或有强制性标准要求的。

（4）要求由不同的相关方提出，不同的相关方对同一产品的要求可能是不相同的。要求可以是多方面的，如果需要指出，可以采用修饰词表示，如产品要求、质量管理要求、顾客要求等。

如何理解质量管理七大原则

目前企业质量管理是围绕贯穿执行 ISO 9000 质量系列标准开展全面质量管理活动，其质量管理的七大原则同样也是班组质量管理中依据的法则（见图 4-12）。需要指出的是，在班组质量管理过程中，顾客实际上是指本班组下游（下道）工序的班组或车间，供方是指本班组上游（上道）工序的班组或车间。

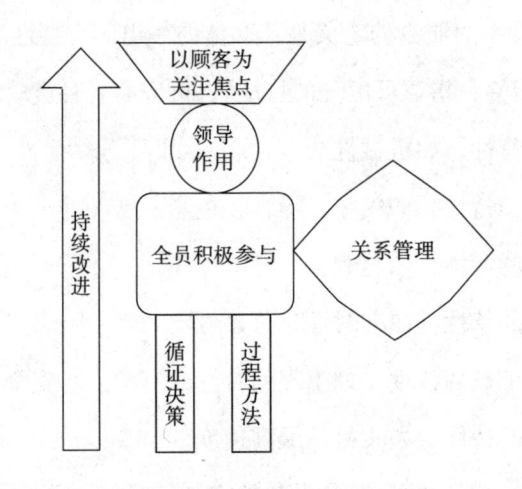

图 4-12 质量管理的七大原则

第一，以顾客为关注焦点。企业的生存发展必须依存于顾客。企业应调查、研究并理解顾客当前和未来的需求，将其转化为质量要求，并采取有效措施使其实现，以满足顾客要求，甚至超越顾客期望。这一点要明确地成为全体员工的指导思想。

第二，领导作用。领导必须将本企业的宗旨、方向和内部环境统一起来，创造使员工能够充分参与实现企业目标的环境。建立满足顾客需求的质量方针和质量目标，确保建立和实施一个有效的质量管理体系，提供相应的资源，随时比较企业运行的情况与目标，调整实现质量方针的措施，并保持持续改进。班组长在班组质量管理工作中同样如此，且更需做到求真务实和以身作则。

第三，全员积极参与。员工是班组的基础。班组的质量管理不仅需要班组长的正确领导，还有赖于全体员工的参与。所以要对员工进行质量意识、职业道德和敬业精神的教育，激发他们的积极性和责任感。只有当每个人都对自己的工作质量负责时，班组的工作质量才能得到保证，企业的产品质量和服务品质才得以实现。

第四，过程方法。将相关的资源和活动作为过程进行管理，可以更高效地得到预期效果。过程方法不仅适用于某些简单的过程，也适用于许多过程构成的过程网络。例如，把管理职责、资源管理、产品实现、测量分析和结果改进作为体系的五大主要过程，描述其相互关系，并以顾客要求为输入，提供给顾客的产品或服务为输出，通过信息反馈来测定顾客的满意度，评价质量管理体系的表现和业绩。班组质量管理也是连贯的过程，包括质量目标设定、作业过程控制、产品质量检查、QC质量改进等，只要结果而忽视过程方法是不切实际的。

第五，持续改进。持续改进是班组质量管理的一个永恒目标。在质量管理体系中，改进指产品质量、过程及体系有效性和效率的提高。持续改进包括：了解现状，建立目标，寻找、评价和实施解决办法，测量、验证和分析结果，充分理解和应用PDCA。

第六，循证决策。对数据和信息的逻辑分析或直觉判断是有效决策的基础。以事实为依据做决策，可防止决策失误。在对信息和资料做科学分析时，统计技术是最重要的工具之一。统计技术可以用来测量、分析和说明产品和过程的变异性，为持续改进的决策提供依据。

第七，关系管理。通过互利关系，增强班组及其供方创造价值的能力。供方提供的产品将对班组向顾客提供满意的产品产生重要影响，因此能否处理好与供方的关系，影响其能否持续稳定地提供给顾客满意的产品。对供方，特别是对关键供方不能只讲控制，不讲合作互利。

班组如何贯彻"三不原则"

质量是班组的命根子。产品的质量在很大程度上取决于生产者对产品细节的精益求精。产品做得越精、越细，产品品质就越高。企业中的每个人都应树立起"质量在我心中，质量在我手中"的质量意识，但这还远远不够，企业必须从管理机制上严抓质量（见表4–7）。

表4–7 质量管理工作计划表

填表日期：

执行班组		隶属部门	
负责人		计划起止时间	
计划目标			
目前质量概况			
不良原因分析			
改善计划			
审批人意见			

第四章
高效能班组管理的九大实务

班组作为产品质量的第一责任主体，应贯彻"三不原则"：不接受不合格品、不制造不合格品、不流出不合格品。

1."三不原则"的基本做法

不接受不合格品。不接受不合格品是指员工在生产加工之前，先对前道传递的产品按规定检查其是否合格，一旦发现问题则有权拒绝接受，并及时反馈到前道工序。前道工序人员需要马上停止加工，追查原因，采取措施，使品质问题得以及时发现、及时纠正，并避免不合格品继续加工造成的浪费。

不制造不合格品。不制造不合格品是指接受前道合格品后，在本岗位加工时严格执行作业规范，确保产品的加工品质。作业前的检查、确认等准备工作做得充分到位；作业中的过程状况随时留意，避免或及早发现异常的发生，减少不合格品产生的概率。准备充分并在过程中得到确认是不制造不合格品的关键。

不流出不合格品。不流出不合格品是指员工完成本工序加工，需检查确认产品质量，一旦发现不良品，必须及时停机，将不良品在本工序截下，且在本工序内完成不良品处置并采取防止措施。保证本道工序传递的是合格产品，否则产品会被下道"客户"拒收。

2."三不原则"的实施要点

"三不原则"是生产现场质量保证的一个运行体系，在实施过程中需注意以下要点：

第一，谁制造谁负责。对于一线生产班组来说，只要产品设计开发结束，工艺参数明确，则产品的质量问题就是生产制造过程中的问题。个人的质量责任从接受上道工序的合格产品开始，规范作业，确保本道工序的产品质量。一旦在本道工序发现不良或接收到后道工序反馈的不良后，该人员必须立即停止生产，调查原因，采取对策，对产品的质量负责到底。

第二，谁制造谁检查。作为一线生产者，班组成员既是产品的生产者，同时也是产品质量的检查者。确认生产合格，才能确保合格产品流入下道工序。通过自身检查，作业人员可以对本工序加工产品的状态了解得更清楚，从而有利于员工不断提升加工水平，提高产品质量。

第三，作业标准化。作业标准化是质量管理的重要保证，这就要求对所有的作业流程中的作业步骤、作业细节进行规范化、标准化，并使其不断完善。每一个员工也必须严格执行标准化作业。所谓标准化作业，就是该工序最佳的作业方法，是保证产品质量一致性的唯一途径。

第四，全数检查。所有产品、工序无论采取什么形式，都必须由操作者实施全数检查。作为产品的制造者，必须对全部产品进行检查，从而判断每一件产品是否合格。

第五，工序内检查。作为每道工序的负责者，必须坚持工序内检查。如果安排专门的检查人员在工序外对产品进行检查或修理，既会造成浪费，也不能提高作业人员的责任感，反而会姑息作业人员对其产品质量的漠视。

第六，不良停产。在工序内一旦发现不良，操作者有权利也有责任立即停止生产，不能让不良品从本道工序持续流出。

第七，现时处理。在生产过程中，产生不合格品时，作业人员必须从生产状态转变到调查处理状态，马上停止作业并针对产生不良品的人、机、料、法、环等现场要素及时确认，调查造成不良的"真正元凶"并及时处理。

第八，不良曝光。在生产过程中出现的任何不良，必定有其内在的原因，只有真正解决了发生不良的每个原因，才能控制制造不合格品，实现零缺点，才能让客户真正满意。因此，对于发生不良，不仅作业人员要知道，还必须让管理层知道，让质量保证的人员知道，让设计开发的人员知道，大家一起认真分析对策，并改善作业标准，而不是简单地由作业人员对不合格品自行返工或报废。否则，下一次还会发生同样的问题。

第九，防错。产品的质量不能完全依赖操作者的责任心来保证，任何人都会有情绪，会有惰性，会有侥幸心理，会受一些意外因素的干扰，从而使产品质量出现波动。因此，必须尽可能科学合理地设计、使用防错装置来防止疏忽。

第十，管理支持。作业人员当然要承担产品的品质责任，但产品出现不良，一线班组长应该承担更多的责任。当员工发现问题并报告问题后，作为班组长应第一时间出现在现场，一起调查并处理问题。对于不良品，若只是轻率地推卸责任给作业人员，不仅不能彻底解决不合格品的产生，而且易造成管理层与员工之间的对立。

班组如何落实"三检制"

"三检制"指的是操作者自检、员工之间互检和专职检验人员专检相结合的一种品质检验制度。这种三结合的检验制度有利于调动员工参与工厂品质检验工作的积极性和责任感，是任何单纯依靠专业品质检验的检验制度所无法比拟的。

作业过程中应严格执行三检制度，形成完善的三检记录（见表4-8）。

表4-8 三检记录表

班组		工序名称	
自检	检查内容：	检查结果： 合格 不合格	
	自检人：	检查时间：	
互检	检查内容：	检查结果： 合格 不合格	
	互检人：	检查时间：	
专检	检查内容：	检查结果： 合格 不合格	
	专检人：	检查时间：	

班组长务必要让全体员工熟悉和掌握品质管理"三检制"的具体内容。

1. 自检

自检就是作业人员对自己加工的产品，根据工序品质控制的技术标准自行检验。自检制度是作业人员参与品质管理和落实品质责任制度的重要形式，也是"三检制"能取得实际效果的基础。

自检最显著的特点是检验工作基本上和生产加工过程同步进行。通过自检，作业人员可以及时地了解自己加工产品的品质问题以及工序所处的品质状态，当出现问题时，可以及时寻找原因并采取改进措施。对于自检应事先就各工序制定一些自检表，一目了然地列明须检查的事项、标准、要求，作业人员在检查时就可以有的放矢地进行检查。

2. 互检

互检就是作业人员之间相互检验。一般是指下道工序对上道工序流转过来的在制品进行抽检；同一工作地换班交接时的相互检验；班组品管员或生产现场负责人对本班组人员加工的产品进行抽检等。

互检是对自检的补充和监督，同时也有利于员工之间协调关系和交流技术。

3. 专检

专检就是由专业检验人员进行的检验。专业检验人员熟悉产品技术要求和工艺知识，经验丰富，检验技能熟练，效率较高，所用检测仪器相对正规和精密，因此，专检的检验结果比较正确可靠。

由于专业检验人员的职责约束，以及和受检对象的品质无直接利害关系，其检验过程和结果比较客观公正。所以，"三检制"必须以专业检验为主导（见表4-9）。专业检验是现代化大生产劳动分工的客观要求，已成为一种专门的工种与技术。

表 4-9 产品质量检验标准表

产品名称： 　　　　检验人： 　　　　日期：

检验项目	检验方法	检验仪器	抽样数	合格标准			检验记录	备注
				A级	B级	C级		

班组在品质检验方面要结合企业实际,将自检、互检、专检结合起来,逐层落实到各个车间、班组和机台,从而努力实现零缺陷、精细化质量管理的目标。

班组如何做好不良品控制

不良品是指一个产品单位含有一个或一个以上的缺陷。生产现场若要进行不良品控制,班组长必须把着眼点放到降低不良产品率上。

不良品是企业不愿看到的,但又是很难避免的,必须要做好相关统计(见表 4-10)。同时,班组长应组织相关人员切实分析不良品产生的原因,这样才能在生产作业中规避并实施改进措施。

表 4-10　质量事故登记表

登记人：　　　　　　　　　　　　日期：

产品名称	所属部门	负责人	事故表现	事故原因	处理方法	备注

1. 做好不良品的隔离

生产现场对于不良品实施隔离可达到以下几个目的：确保不良品不被误用、最大限度地利用物料、明确责任、便于事项原因的分析。具体做法如下。

第一，在各生产现场（制造、装配或包装）的每台机器或拉台的每个工位旁边，均应配有专用的不良品箱或袋，以便用来收集生产中产生的不良品。

第二，在各生产现场（制造、装配或包装）的每台机器或拉台的每个工位旁边，要专门划出一个专用区域用于摆放不良品箱或袋，该区域即为"不良品暂放区"。

第三，各生产现场和楼层要规划出一定面积的"不良品摆放区"用来摆放从生产线上收集来的不良品。

第四，所有的"不良品摆放区"均要用有色油漆画线和文字注明，区域面积的大小视该单位产生不良品的数量而定。

2. 不良品区域管制

第一，不良品区内的货物，在没有品管部的书面处理通知前，任何部门或个人不得擅自处理或使用不良品。

第二，不良品的处理必须要由品管部监督进行。

3. 对不良品的处置

不良品经过评审后就要对其进行处理，不同的不良品处理方法也不同。这里主要讲一下针对生产现场不良品的处置。

第一，对于生产线上的不良品，首先应明确相关责任人的职责。

责任人之一：作业人员。通常情况下，对作业中出现的不良品，作业人员（检查人员）在按检查基准判明为不良品后，一定要将不良品按不良内容区分放入不良品盒中，以便生产现场负责人作不良品分类和不良品处理。

责任人之二：生产现场负责人。首先，生产现场负责人应每两小时一次对生产线出现的不良品情况进行巡查，将各作业人员工位处的不良品，按不良内容分类，收回并进行确认。然后，对每个工位作业人员不良判定的准确性进行确认。如果发现其中有不良品，要及时送回该生产工位与该员工确认其不良内容，并再次讲解该项目的判定基准，以提高员工的判断水平。

第二，对当日内的不良品进行分类。

对某一项（或几项）不良较多的不良内容，或者是某些突发的不良项目进行分析（不明白的要报告上司求得支援），需要查明其原因，拿出一些初步的解决方法，并在次日的工作中实施。

若没有好的对策或者不明白为什么会出现这类不良时，要将其作为需重点解决的问题，在次日的品质会议上提出（或报告上司），从而通过与他人以及上司（技术人员、专业人员）进行讨论，从各种角度分析、研究，最终制定一些对策并加以实施，然后确认其效果。

第三，不良品的记录及放置。

当日的不良品，包括一些用作研究（样品）的或被分解报废的所有不良品，都要在当日注册登录在生产现场负责人的每日不良品统计表上，然后将这些不良品放置到指定的不良品放置场所内。

4. 不良品的防止措施

第一，稳定人员。

人员流动的频率往往可以反映员工对工厂认同的程度，一切成长的条件都随着人员的流动而流失，品质也是一样。

第二，良好的教育与培训。

每一项工作都需要专业人员将专业知识及理论基础演化为实用性的技巧，尽快填补员工因工作经验不足以及理念上的差异造成的沟通协调困难。

第三，制定标准。

标准化作业是产品质量保障的根本措施。因此，制定各种标准必不可少。

第四，建立良好的工作环境。

工作场所脏乱，代表的是效率低下、品质不稳定以及"总值"的浪费。推行"5S活动"能得到意想不到的效果。脏乱，虽然不是影响品质的决定因素，但又不得不承认它跟产品的品质有因果关系。

第五，合理的统计技术。

传统的品质管理方法是对产品进行检验，让良品继续流向施工程序，而把不良品予以剔除。这只能得到被检验产品的品质信息，而对于产品的品质改善是没有意义的。所以统计品质也是一个很重要的不良品防止措施。

第六，完善的机器保养制度。

产品是靠机器来生产的，机器有精密度与寿命。机器就像人的身体一样，平常就得注意保养。身体不保养，健康就会受到影响。同样，机器不注意保养，机器的精密度、寿命就会随之下降，产品品质也会受到影响。

班组如何推行 TQM

TQM（Total Quality Management）是全面质量管理的英文全称，是指企业中所有部门、所有组织、所有人员都以产品质量为核心，把专业技术、管理技术、数理统计技术集合在一起，建立起一套科学、严密、高效的质量保证体系，控制生产过程中影响质量的因素，以最优的品质提供满足用户的需要。

20世纪前，产品质量主要依靠操作者本人的技艺水平和经验来保证，属于"操作者的质量管理"。20世纪初，以泰勒科学管理理论为代表，促使产品的质量检验从加工制造中分离出来，质量管理的职能由操作者转移给工长，是"工长的质量管理"。随着企业生产规模的扩大和产品复杂程度的提高，产品有了技术标准（技术条件），各种检验工具和检验技术也随之发展，大多数企业开始设置检验部门，这时的管理方式是"检验员的质量管理"。上述几种做法都属于事后检验的质量管理方式。

20世纪50年代以来,随着生产力的迅速发展和科学技术的日新月异,在生产技术和企业管理中要求运用系统的观点来研究质量问题。全面质量管理之父费根堡姆于20世纪60年代初提出了全面质量管理的概念:为了能够在最经济的水平上,考虑到充分满足顾客要求的条件下,进行市场研究、设计、制造和售后服务,并把企业各部门在研制质量、维持质量和提高质量的活动构成为一体的一种有效体系。

全面质量管理的基本特点就是把过去的就事论事、分散管理,转变为从系统的高度进行全面的综合治理。班组推行全面质量管理,应聚焦技术标准和管理标准两个方面。

1. 技术标准

技术标准是对技术活动中需要统一协调的事务制定的技术准则。根据其内容不同,技术标准又可分解为基础标准、产品标准和方法标准。

基础标准:是标准化工作的基础,是制定产品标准和其他标准的依据。常用的基础标准主要有通用科学技术语言标准、精度与互换性标准、结构要素标准、实现产品系列化和保证配套关系的标准、材料方面的标准等。

产品标准:是指对产品质量和规格等方面所作的统一规定,它是衡量产品质量的依据。产品标准的内容一般包括:产品的类型、品种和结构形式;产品的主要技术性能指标;产品的包装、贮运、保管规则；产品的操作说明；等等。

方法标准：是指以提高工作效率和保证工作质量为目的，对生产经营活动中的主要工作程序、操作规则和方法所作的统一规定。它主要包括检查和评定产品质量的方法标准、统一的作业程序标准和各种业务工作程序标准或要求等。

2. 管理标准

所谓管理标准是指为了达到质量目标，而对企业中重复出现的管理工作所规定的行动准则。它是企业组织和管理生产经营活动的依据和手段。管理标准一般包括以下内容：

生产经营工作标准。它是对生产经营活动具体工作的工作程序、办事守则、职责范围、控制方法等方面的具体规定。

管理业务标准。它是对企业各管理部门各种管理业务工作要求的具体规定。

技术管理标准。它是为有效进行技术管理活动，推动企业技术进步而确定的必须遵守的准则。

经济管理标准。它是指对企业的各种经济管理活动进行协调处理所做的各种工作准则或要求。

综上所述，全面质量管理的基本方法可以概括为四句话十八字，即"一个过程，四个阶段，八个步骤，数理统计方法"。其中：

一个过程，即企业管理是一个过程。企业在不同时间内，应完成不同的工作任务。企业的每项生产经营活动都有一个产生、形成、实施和验证的过程。

四个阶段，根据管理是一个过程的理论，可以总结出"计划

(plan)—执行(do)—检查(check)—处理(action)"四阶段的循环方式，即 PDCA 循环。

八个步骤，为了解决和改进质量问题，PDCA 循环中的四个阶段还可以具体划分为八个步骤，分别是：

计划阶段（P）：分析现状，找出存在的质量问题；分析产生质量问题的各种原因或影响因素；找出影响质量的主要因素；针对影响质量的主要因素，提出计划，制定措施。

执行阶段（D）：执行计划，落实措施。

检查阶段（C）：检查计划的实施情况。

处理阶段（A）：总结经验，巩固成绩，工作结果标准化；提出尚未解决的问题，转入下一个循环。

数理统计方法，把上述步骤中得出的数据，根据相对应的公式进行数学计算，得出结论。

推行全面质量管理对于班组精细化管理具有重大促进作用，它不仅能提高产品质量、加速生产流程、鼓舞员工士气，而且也促进了企业全方位提质增效与创新发展。

班组如何开展 QC 活动

QC 小组（Quality Control Group）即质量管理小组，是在生产或工作岗位上从事各种劳动的员工，围绕企业的经营战略、方针目标和现场存在的问题，以改进质量、降低消耗、提高人的素质和经济效益为目的组织起来的，运用全面质量管理的理论和方法开展活动的小组。

QC 小组是企业中群众性质量管理活动的一种有效组织，它不仅有效激发了一线作业人员的参与感与创造力，同时也丰富了员工的工作内涵，使其在工作中获得更多的价值感和成就感。那么班组如何开展 QC 活动呢？

1. QC 小组组成

根据 QC 小组的定义，工作现场、工作性质相近的基层人员可自动自发地组成小组，因此可按下列形式组成小组。

QC 小组 A，班组人数不多时，可全班组成一组，初期由班组长任组长，经过几期活动后，可以由组员互选，让大家都有机会当组长。

QC 小组 B，班组人数很多时，可将他们分成几个小组，班组长可担任其中一组的组长，其他组的组长由组员互选。但在开展 QC 小组活动初期，每班先组一个 QC 小组就可以了。

2. QC 小组人数

组员人数一般以 4~8 人为主，最好不要超过 10 人；如果超过了 10 人，可以再分成两个组。因为如果人数太多，讨论事情就会不方便，无法达到全员参与的效果。

3. 组长的人选

组长是整个 QC 小组的灵魂人物，所以组长的选择非常重要。在开始 QC 小组活动时，一般由班组长担任组长，等活动成熟后，可由组员互选组长，或轮流担任组长，让大家都有机会担任组长。

4. 组长的职责和任务

组长是 QC 小组的组织者和领导者，负责组织小组成员制订活动计划，带领组员有效地开展活动。同时，QC 小组组长需掌握全面质量管理的知识，又具备相当的业务经验，并将其有效地运用于实践。

5. 小组成员的职责和任务

第一，及时参加活动。一旦成为 QC 小组成员，就应坚持经常参加小组活动。

第二，按时完成任务。QC 小组中的每个人都应完成自己的任务，这样才能保证全组课题的进度和效果。

第三，支持组长工作。QC 小组活动有时需要合理安排，组员应该服从组长领导，并配合组长工作。

第四，配合其他组员工作。在共同开展质量活动中，组员之间互相沟通，互相帮助，共创和谐融洽的工作环境。

6. QC 活动的十大步骤

QC 活动要遵循 PDCA 循环规则进行，可以概括为四大阶段、十个步骤（见表 4-11）。

表 4-11　QC 小组活动程序

阶段	步骤	注意事项	常用图表
P	1. 选择课题	（1）课题宜小不宜大 （2）题目简洁明了，针对性强 （3）说明选题的目的性和必要性	简易图表

续表

阶段	步骤	注意事项	常用图表
P	2. 现状调查	（1）用数据说话，数据要有客观性、可比性和时效性 （2）收集历史记录的数据，直接获取一手资料 （3）对数据进行整理和分类，进行分层分析	调查表 排列图 直方图 控制图 分布图
P	3. 设定目标	（1）目标要与问题对应 （2）目标要明确 （3）要说明制定目标的依据	柱状图 折线图
P	4. 分析原因	（1）要针对存在的问题分析原因 （2）分析原因要看问题全貌 （3）分析原因要彻底 （4）正确恰当应用统计方法	因果图 系统图 关联图
P	5. 确定主要原因	（1）收集所有的末端因素 （2）逐条确认所有末端因素 （3）将不可抗拒因素剔除	调查表 简易图表 散布图
P	6. 制定对策	（1）分析对策的有效性 （2）分析对策的可实施性 （3）避免采用临时应急措施 （4）尽量采用小组成员能够做到的对策 （5）考虑对策的经济性	简易图表 矩阵图
D	7. 实施对策	（1）严格按照对策实施 （2）实施过程做好详细记录 （3）实施完毕后做好数据的收集工作	简易图表 柱状图
C	8. 检查效果	（1）要与实施前现状比较，更要与目标比较 （2）计算经济效益要实事求是，还要注重社会效益	/
A	9. 制定巩固措施	（1）可纳入有关标准或修订管理制度 （2）要有巩固期，巩固期内做好记录和数据的收集	/
A	10. 总结和下一步打算	（1）总结方法和数据运用的优劣 （2）总结取得的无形效果，如质量意识、问题意识、改进意识和参与意识	/

案例链接
抓质量就要一诺千金

某公司调试厂列调一班现有员工51人，大专以上学历员工占90%以上，担负着高速动车组的联调联试任务，是动车组生产的最后一道工序、最后一个关口，经联调试验后的动车组将被直接交付给客户。列调一班作为动车组出厂的最后一道工序，始终将"编组联挂无缺陷，功能试验创金牌"作为班组的工作格言。多年来，以信得过的产品质量保证了零缺陷交付客户，各项功能100%实现，确保列车安全可靠运行。

该班组狠抓质量管理的主要做法如下。

1. 完善的管理制度是实现产品质量"零缺陷"的前提。为此，班组结合实际，建立完善了各项管理制度，做到有法可依，有章可循。班组印发了《班组管理制度汇编》，其内容包括《班组工作质量管理条例》《动车组质量达标管理办法》《员工质量激励办法》《工艺文件管理办法》等四项涉及质量管理的制度，明确了现场、安全、员工作业等各个方面的要求，特别是把产品质量项点细化到每一名员工的每一道生产工序中，规范作业人员现场工作行为，量化班组日常工作目标，公开绩效考核打分。其中，质量考核权重被提高到70%以上。几年来，该班组先后对违反制度的76名员工进行了批评，对发现质量缺陷的35名员工给予了奖励，这些工作提高了员工自觉维护产品质量的积极性，为动车组零缺陷出厂提供了有力的制度保障。

2. 每周定期举行质量分析会。由班组长将每周质量工作计划进行逐项分解安排，同时对上周的工作日志、质量活动记录、技术培训记录和班组综合记录等进行总结点评，最后由大家对上周班组管理和工作上存在的问题提出改进意见，共同研究解决。质量分析活动切实增强了每个人的质量意识。一次，一名员工在首列统型车编组过程中，发现使用的短车钩连接卡与图纸不符，果断终止了编组，并及时联系研发人员进行图纸与实物的确认。在设计人员和工艺部门的共同查找下，发现不同车钩厂家的适配器不一样，从而导致物流环节车钩连接卡发料错误。这次发现避免了一次大规模返工事件，为公司避免了经济损失。

3. 全班组员工在作业过程中始终坚持"三级审查"，落实"第一次就把事情做对，产品质量零缺陷"的操作规范。在动车调试过程中，结合实际工作情况，做到互相监督，做好自检互检。每天班前会时间，通过"质量问题回头看"活动，对前一天的工作进行讲评总结。一名班组成员完成工作后，都必须由另外一名班组成员审查，最后交工作负责人审查，过"三级审查"后才能通过。工作结束后，所有员工对现场操作过程中发现的安全质量问题或存在的安全质量隐患进行汇总分析，共同查找问题的症结，明确解决问题的措施。

4. 广泛开展QC活动和群众性技术创新活动，实现创新创效。利用"小发明、小革新、小改造、小设计、小建设"解决班组出现的质量问题。班组把QC小组活动作为提升班组质量管理的重要手段，以解决生产中存在的实际问题为目标，积极寻找攻关课题，成立以来共发表QC成果十多项。活动过程中，小组成员积极参与，按照PDCA循环，在成果中运用多种统计方法和工具，以大量的数据、图表和现场照片为依据，运用QC工具解决现场生产实际问题。通过不断增强QC活动小组成员质量管理意识，大大提升了班组质量管理水平。

成本管理

班组如何建立"三全"成本意识

班组作为企业的最小经营单元,是企业提质增效、降本挖潜的源泉所在。为了最大程度挖潜一线班组降本增效的动力,企业应引导班组建立"三全"成本意识。

全员成本意识:全体员工既是成本费用的耗用者,也是管理费用的支出者,当然也是成本控制的管理者、监督者。企业成本控制不是某个部门的事,更不是某个领导的事,而是企业全体员工的事。因此,要在组织内设立一种机制,培养全员成本意识,让每个人在使用组织资源时就像在使用自己的钱一样。

全要素成本意识:要把企业生产经营的各个要素都纳入成本管理的范畴。不仅要关注直接可量化的显性成本,也要关注人才、技术、品牌等隐性成本,不管什么工作岗位,都要尽力降低成本。

全过程成本意识:企业从筹办开始发生的一切费用都属于成本范畴,成本管理贯穿企业生存的始终。另外,对成本预算编制、成本计划落实、成本核算分析、成本考核奖惩等各个环节,要做好事前、事中、事后的全过程精准管控。

班组如何做好日常成本管控

班组成本管控应结合生产现场的实际情况,从生产六要素 5M1E 入手,采取不同措施来降低各方面的成本(见表 4-12)。

表 4-12 成本控制维度及具体措施

成本控制维度	具体措施
人员成本控制	（1）稳定员工队伍，尽可能减少人员流动，既确保生产线的质量稳定，又能减少新人的招聘费用和培训费用 （2）调动员工的积极性，提高生产率，多生产、快生产 （3）发挥员工的创造性，积极提出降本增效的合理化建议 （4）培养多能工，让员工能胜任多种岗位，既锻炼员工自己的能力，也节省了人力成本
设备成本控制	（1）培训员工正确操作设备，特别是大、精、尖的设备，一定要持证上岗，避免因误操作而损害设备 （2）培训员工正确使用和保养设备，延长设备的平稳运行期 （3）做好设备的备件管理，做好预防性维修工作 （4）开展自主设备维修等活动，降低设备维修费用，提高设备利用率
物料成本控制	（1）防止出现断料、缺料，避免因这种情况而出现的生产线停产损失 （2）减少废料的产生，提高废料的综合利用率 （3）提高原材料的使用率，尽可能减少浪费 （4）提高物料的周转速度，尽可能减少库存积压带来的浪费
标准化作业	（1）以《作业指导书》为标准，对员工进行标准化作业培训 （2）根据最佳实践经验优化作业流程，让员工按照优化的、确定的方式进行生产 （3）随着作业条件的变化，持续改进和优化作业标准，使其长期处于最优状态
减少现场浪费	（1）推行 5S 管理，确保生产现场整洁有序，道路通畅，杜绝脏乱差 （2）确保员工遵守生产规则，培养认真负责的工作态度，降低不良率 （3）改善生产现场环境，打造和谐友善的工作氛围，减少士气浪费
把好检测关	（1）杜绝出现因检测失误而造成的批量不合格品 （2）提高员工的自检技能，杜绝出现弄虚作假、以次充好的质量事故 （3）保证测量器的完好和精准度，定期校准 （4）提高检测效率（从精益生产的角度，检测不产生价值）

班组如何进行经济核算

经济核算是对经营性组织的投入与产出进行考核计算，以对其经济效益进行判断和评价。班组经济核算是对班组生产过程中的消耗与成果或者投入与产出进行全面考核计算，评价班组生产效益或者成员的劳动成果。班组经济核算往往与班组员工的收入紧密联系，班组员工只有通过不断提高业务技能和生产能力，降低消耗，才能获得更高的收入。因此，班组经济核算也是一种班组成本管理的工具。

班组经济核算的具体内容可分为三类。一是单项指标核算，即直接实物量或工时量记录与计划或定额进行对比；二是价值综合核算，即以货币或企业内部货币为计算单位，计算和反映综合效益；三是自计盈亏的投入核算，即生产收入补偿支出后获得的内部利润。班组是能相对独立地完成规定的生产和工作任务，分清经济责任、核算经济效果的最小经济核算单位。

班组长要组织班组成员，根据班组的作业性质和运行特征，对班组各个生产环节分别确定不同的班组核算内容与核算指标。

首先，从产出看，各班组、工序在一定时间内都有自己的生产成果，可以用成品、在制品的实物产量或以企业内计划价格的产值来表示，其质量可以用各环节的技术质量标准完成的百分率、合格率、等级率来表示。也可以把班组各生产环节生产成果的产量、产值与其质量统一起来考核，即按照质量要求及完成情况计算出质量完成系数，再按基本公式计算生产成果：某生产环节生产成果 = 该环节生产数量（产值）× 该环节质量完成系数。这一基本公式在不同产品、不同生产环节可以用不同的度量单位和质量完成系数。总之，要把数量、质量同时合并考核，而不是单纯考核产值、产量的成果来计算生产效益。

其次，从投入的消耗（包括占用）来看更为复杂，至少包括三类：第一类，各生产环节都有各种生产要素的直接投入。可分别计算投入原材料、辅料的直接消耗，投入能源的直接消耗，投入劳动的直接消耗、投入设备的直接消耗等。第二类，各生产环节的各生产要素的间接投入。可分别计算厂房、仓库、设备、办公设施等用户的使用维护费用；各生产环节所需支持生产的服务供给系统，如设计、工艺、生产技术准备、试验、计量的服务费用和水、电、汽、气、运输、管道等的供给消耗费用；各生产环节发生的低值易耗和间接人员的费用；各生产环节发生的管理费，等等。第三类，各生产环节的各类投入占用。可以分别计算各生产环节投入各类厂房设施固定资产的占用；投入库存原材料、成品、工模具的占用；生产现场在制品的占用；生产现场运输工具、工位器具、工模具的占用；等等。

再次，根据各生产环节的产出成果与投入的各种消耗和占用进行比较，可分别计算出各环节、各要素的生产效益及生产总效益，构成生产效益的经济核算指标体系。

最后，班组经济核算应当是一个不断连续进行的动态过程，可以考虑采用质量管理活动中的PDCA循环工作法予以推动、深化。

班组经济核算应当掌握以下几个原则：

第一，简易化原则。班组经济核算方式方法要简便易行，便于员工掌握和比较。通常可以用算大账的方式来体现班组在企业甚至社会中的地位和作用。员工们在算大账的过程中，看到了为企业、为国家所创造的效益和财富，体验到自身存在的价值，从而增强了责任感、自豪感和自信心。用算小账的方式来核定班组和员工们的实际收益和直接福利，在算小账的过程中，员工们看到自己的劳动投入换来收入的增加，生活质量的提高，因此激发了员工积极工作和参与班组管理的热情。

第二，适合性原则。班组经济核算中的各项经济指标要齐全、定额或标准要适度。要开展经济核算，必须根据班组的作业性质和运行特征、技术和工艺水平，设计和选择一套供核算的经济指标体系。设计指标体系时应排除外界因素的干扰，能充分反映员工们的努力程度与工作的好坏。这样，班组经济核算才有考核计算的内容，才能推行下去。因此，班组的上一管理层次必须为班组开展经济核算营造一种良好的运行机制和核算氛围。

第三，民主性原则。班组经济核算要体现班组民主管理的基本要求。实际上，班组经济核算是体现员工当家做主的一个重要途径。班组经济核算不是班组经济核算员的核算，也不是班组长的核算，更不是上级单位的核算，而是在上级单位指导下，由班组长负责组织，班组经济核算员具体操作，全体班组成员参与的一种活动。

第四，挂钩性原则。把班组经济核算与员工们的切身利益紧密联系在一起。经济核算全面反映了员工们的劳动成果，所以，班组经济核算应当与员工收益挂钩，也就是要把经济指标的考核直接与员工们的奖惩得失相结合。只有这样，才能通过经济核算调动员工们的工作积极性。从这个意义讲，班组经济核算也是对基层员工主人翁地位的直接肯定。

第五，制度化原则。结合本班组的实际情况确定班组是否需要开展经济核算，如果需要开展，则应当用班组制度的形式予以规范，其中还需确定核算的重点内容、与经济责任制的联系等。在开展班组经济核算活动时，要注意完善核算的基础工作，即原始记录、计量工作、定额管理、标准化工作和内部结算等。一旦决定开展班组经济核算活动，就应当长期坚持下去，并不断总结经验，调整核算内容或核算指标，以便更全面、更准确、更及时地反映班组的生产效益。注意核算过程和结果的公开性和透明度，定期公布核算结果，兑现与经济责任制有关的奖惩承诺等。

现场管理

班组现场管理重点抓什么

班组的主要生产活动是在现场完成的，班组现场管理的水平直接关系到班组安全运行、质量控制、成本控制、作业控制、设备维护、产品交期及团队士气等生产经营活动的各个方面。班组长抓好现场管理，最重要的就是将生产的五大要素人、机、料、法、环协调到最佳状态，确保各项生产活动顺利进行。

1."人"的要素

人是生产过程中最活跃的要素，其他要素只有在人的支配下才能发挥作用。对于企业来说，保证承担作业任务员工在工作时的身心健康和工作状态是确保生产活动顺畅进行的第一要务。即便是头疼脑热、牙痛这样的小状况也会影响员工的工作状态，如果员工在工作场所与其他人发生矛盾冲突导致其情绪失控，那甚至可能直接影响整个生产现场的秩序。所以，班组长要学会察言观色，关注每一位员工的精神面貌、情绪状态和身体状况，做好人员协调和团队激励，确保团队保持良好的士气、友好的氛围与团结协作的凝聚力。

2."机"的要素

设备是指为保证正常生产所配置的技术装备、仪器、仪表、工具及其他各项辅助用具。设备对企业来说是巨额投资，班组要经常进行设备保养和维护，使其能正常运转，充分发挥其应有的作用。如果设备有异常就要立即排除，以确保其完好性。班组设备维护的主要内容是使用、点检及维护保养。班组要建立完整的设备维护项目，包括设备台账、原始凭证、维护保养方法等；班组长要根据设备能力和运行状态安排生产，调整任务和负荷；组织并指导员工做好班组内设备的维护保养、日常点检、清扫、加油及紧固等工作；经常进行爱护机器设备的宣传教育活动，让员工自觉爱护和正确使用设备，严格执行有关制度，养成良好的习惯。

3."料"的要素

"料"包括半成品、配件、原料等。生产所必需的零部件、材料等物资，必须随时满足作业需要。如果做不到这一点，就会发生停工待料的现象，所以在作业现场要有适当的物资储备。要避免将库存物料放在不容易看见的地方，避免增加作业员工寻找时间。另外，将库存设置为适当的比例是非常必要的，要随时准确地掌握物料储备的数量。

4."法"的要素

"法"，即严密的规章制度和生产规则。"没有规矩，不成方圆"，这里的"规矩"实质上就是指规章制度。班组规章制度是针对班组生产活动和管理活动制定的一整套规章程序、准则和标准的总称。这些活动涉及班组工作组织和计划、生产流程控制、技术工艺规范、产品质量保证、运行绩效控制、安全生产与劳动保护、员工行为激励和人际沟通协调等班组运行的各个方面。班组规章制度是从组织角度对班组成员工作行为的规范和约束，它明确规定了班组成员在各个工作岗位上，在各种生产情况下，在各类工作运行过程中，应该做什么，应该怎样做，应该做到什么程度，以及不这样做将会产生的后果。班组长作为班组现场管理第一人，要不断引导和强化员工的标准化作业意识，自觉遵守各项规章制度，杜绝"三违"现象，使员工形成遵章守纪的好习惯。

5."环"的要素

人是环境的产物，人的思想、行为和情绪经常受到环境的影响和干扰。良好的作业环境，是确保班组完成生产任务、杜绝安全隐患、保护员工身心健康的重要保障。作业现场的温度、湿度、照明及其他一些环境因素要符合国家的有关规定，对现场的布局、规划、颜色、标识等要下一番功夫。在现有的基础上，怎样才能创造出最佳作业环境，是体现企业管理水平的一个重要因素。在与同行业相似的作业现场比较时，至少不要被别人指责"这里的环境很恶劣"。另外，班组环境建设，不仅指有一个安全、舒适、有序的作业环境，也包括营造一个健康、温馨、舒心的正能量软环境氛围。

班组如何推行标准化作业

班组现场管理最重要的就是推行标准化作业。因为标准代表的是目前最好、最容易、最安全的工作方法，标准是基于最佳实践经验的提萃和沉淀，是确保安全生产、质量控制、风险防范、效率保障的一种最佳秩序。

如何让员工自觉执行标准化作业并成为习惯，是每一位班组长都要面对的难题。

1. 标准是最高的作业指示

"一岗一标"和"一事一标"是班组标准化建设的重点,但建立标准仅仅是标准化的前提,如果标准没有付诸实施,再完美的标准也是没有意义的。为了让班组制定的标准彻底地贯彻下去,首先需要让员工明白,作业指导书是自己进行操作的最高指示,它高于任何人的口头指示。

2. 班组长要做好现场辅导与跟踪确认

针对"做什么""如何做""做成什么样""重点在哪里"等问题,班组长应手把手传授到位。班组长仅教会了作业员工操作还不行,还要跟进确认一段时间,看其是否领会,结果是否稳定。对不遵守标准作业要求的行为,班组长一旦发现就要立即毫不留情地予以纠正。

3. 现场宣传揭示

一旦设定了标准的作业方法,要在显眼的位置标示出来,让人注意的同时也便于与实际作业比较。作业指导书则要放在作业员工随手可以拿到的地方。把标准放在谁都看得到的地方,这也是目视管理的精髓。

4. 持续优化标准

标准一旦制定,就要严格贯彻执行。然而,标准也不是一成不变的,随着工艺技术和作业方法的改进,标准也需要进行优化和改进。需要注意的是,员工如果发现标准存在问题或者找到了更好的操作方法,不要自作主张地改变现有的做法,因为自己认为的好方法有可能是漏考虑了某种因素的情况下得出的。所以,标准的改进和优化要按下面的步骤去做。

首先，将自己的想法立即报告上级；

其次，技术部门确定自己的提议的确是一个好方法后，改定标准；

再次，根据改定后的标准改变自己的操作方法；

最后，根据实际情况调整。

一般而言，在发生以下情况时，就要对标准进行修订：

第一，标准定义的任务难以执行；

第二，产品的品质水平已经改变；

第三，当生产要素已发生改变时（人员、机器、材料、方法）；

第四，当外部因素要求改变时（如环境问题或客户要求）；

第五，当法律和规章（如产品赔偿责任法律）已经改变时；

第六，上层标准（ISO、GB等）已经改变。

如何进行4M变更处理

4M指人（Men）、设备（Machine）、材料（Material）、方法（Method），是生产过程中最基本的要素。4M变更是指在生产过程中给品质带来一定影响的异常变更，含作业人员、设备、材料、工艺方法的变更。

如果4M这四个要素是稳定的，那么最终生产出来的产品也是恒定的，但这只是一个理想的状态。现实中，人员、设备、材料、方法经常在变化，最终结果也会随之变化，4M变更管理就是通过控制这些变化，使结果在允许的范围内变动。

1. 4M 变更内容

作业人员的变更。作业人员因缺勤、调动、离职时，由一个作业人员变动为另一个作业人员所产生的变更。

设备的变更。设备因临时替用、增加而对品质可能产生影响时的变更。

材料、辅料的变更。企业无图纸规定的材辅料，或需要对零件的材料和装配用的辅料进行变更时，应完全遵循客户的意见，由技术部专责更改图纸，或下达临时更改通知书；车间更改作业指导书，应交技术部批准。

工艺方法的变更。工艺方法发生变更时，车间更改作业指导书，并培训作业人员掌握变更内容。

2. 变更的实施

由发生区将变更的内容填入"4M 变更书"交车间负责人签字后发到品控部，由品控部经理确定品质方面需确认的内容。发生区及相关部门收到品控部配发的"4M 变更书"后，按要求实施变更。

作业人员变更的处理方法。由车间工艺员按作业指导书要求安排员工培训，班组长每两个小时进行产品品质确认，直至培训合格为止。

设备变更的处理方法。在实施过程中，车间工艺员专责跟踪，确认首件用变更后的设备生产的产品品质是否合格。如果不合格，则要求相关部门停止生产并重新检查该设备的性能。设备变更后，生产出来的首件产品经工艺员确认合格后，应由质检员进行小批量生产的复检，在确认品质合格后，方可进行大批量生产。

材料变更的处理方法。材料变更的原因主要是设计变更。设计变更指由于设计、生产、品质、使用等因素需对产品进行规格、型号、物料、颜色、功能等的变更。发生设计变更时处理程序一般如下：

首先，技术部（研发部）根据客户或产品的要求，形成设计变更指示提交相关部门。

其次，班组长接收到设计变更指示书后，需将管理号、接收日期、名称、主题事项等项登录到《文书管理台账记录表》中。

再次，班组长负责零件检查规格书和成品检查规格书、工程内检指导书、作业指导书的修订。必要时修订、调整工艺流程。

然后，设计变更实施：首批设计变更零件纳入后，由班组长根据图纸对设计变更内容进行全面确认，并做设计变更标识，通知相关人员；装配时，由工艺人员与班组长共同对其设计变更后的组装性能进行确认，做好详细记录；实施过程中若出现异常时，应通知技术研发部门解析原因，并决定对策，必要时联络客户共商对策；对于实施日期、批量有要求的应该严格按照要求的实施日开始进行设计变更。

工艺方法变更的处理方法。由车间工艺员修改作业指导书，并指导员工按照新的作业方法作业，处理发生的异常，直到员工熟练为止。

3. 变更后产品品质的确认

各部门按照"4M 变更书"的确认内容进行品质确认，并将结果记录在"4M 变更确认表"中，最后返回品控部存档。对 4M 变更的产品进行品质确认发现不良品时，按照企业的《不良品处理规定》处理。

如何应对现场突发事件

班组现场是最容易出问题的地方，如生产设备出现故障、上下工序之间的衔接和配合出现问题、员工之间的沟通出现障碍或冲突、新晋员工业务技能不够熟练、老员工的积极性不足等，问题可以说是五花八门，层出不穷。面对各式各样的问题，作为现场管理者，班组长应明确哪些问题要立即解决，哪些问题可以暂缓解决，哪些问题需要立即上报，哪些问题需要自行决断。这就需要对问题进行全面的分析，根据轻重缓急的程度来进行安排。

另外，班组长要特别关注那些妨碍正常生产活动进程的突发事件，分析事件发生原因并采取对策。可以说，应对突发事件的能力最能表现出班组长现场管理的水平。

突发事件往往具有突发性、紧急性和危害性等特征，这也决定了突发事件应对也要具有应急性、时效性和预防性等特征。班组突发事件，包括严重的工伤事故、自然灾害、生产安全事件等，也包括设备故障、团队冲突、员工突然请假等。

应对突发事件，最重要的是要做好平时的预防工作和必要的应急准备。突发事件预防与应急准备是指在突发事件发生前，通过班组长主导和动员员工参与，采取各种有效措施来消除突发事件隐患，避免突发事件发生；或者在突发事件来临前，做好各项充分准备，包括思想准备、预案准备、组织机构准备、应急保障准备等。

为了提升突发事件应对能力，班组长在平时的现场工作中，应培养以下能力：

要有敏锐的洞察力。实践证明，提高实际工作中对各种突发问题判断、处置的敏锐性至关重要。对突发事件的性质、发展趋势等做出准确及时的判断和评估，并迅速做出敏锐的反应，是应对各种可能出现的情况，从最坏处着眼争取最好结果的根本前提。

要有快速的反应力。 处置突发事件之所以比较困难，根本原因在于事发突然，客观上缺乏足够的时间进行充分准备与系统思考。提高应对突发事件的快速反应力，首先要有一种常备不懈的精神状态。就是在思想上、精神上时刻保持充分的警惕性，对各项工作中可能发生的情况，绝不能存在侥幸、麻痹心理。

要有细致的疏导力。 努力做好群众疏导工作，通常情况下，应把握好三个方面的工作。第一，要善于借助外力。注重抓住关键的人，用好有影响的人，努力整合各方面力量，千方百计做好正面宣传和正面沟通工作，绝不能被动应对，顺其自然。第二，要注重因情施策，针对不同事件的成因和事态走向对症下药，促使问题和矛盾尽快得到解决。第三，平时多注意、考虑这些问题，想好处理办法，同时锻炼自己的承受能力，不要过高或过低地估计自己的能力，该求助的时候求助，该救助的时候果断救助。

要有冷静的内定力。 处置突发事件，特别考验一个人的心理素质，一定要有冷静的内定力。想做到这一点，首先要忍耐、克制，其次面对现场局面的失控或群众情绪的高涨，要顶得住压力，放得下架子，经得起冲击，能够冷静、果断处理事件本身。

要有深刻的反思力。 在处置突发事件后，需要及时总结，反思不足，梳理经验，变坏事为好事，促进各项工作的再完善与团队凝聚力的再提高。想要做到这一点，最重要的是引入复盘机制，引导团队进行深刻反思，学会把握客观规律，不断优化应对、处理同类事件的流程和工作方法。

班组如何推进现场 5S 管理

5S 又被称为"五常法则",起源于日本,即整理(Seiri)、整顿(Seiton)、清扫(Seiso)、清洁(Seiketsu)、素养(Shitsuke)。在班组生产现场管理中,通过导入 5S 管理,不仅能够改善现场工作环境,还能提高工作效率、工作品质、员工士气等,是其他管理活动有效展开的基石之一,已被很多生产型企业广泛应用。

1. 5S 具体含义

整理:在工作现场,只保留有用的东西,撤除不需要的东西。

整顿:把要用的东西按规定位置摆放整齐,并做好标识化管理。

清扫:将不需要的东西清除掉,保持工作现场无垃圾、无污物。

清洁:维持以上整理、整顿、清扫后的局面,并持续贯彻执行,维持常态化。

素养:通过以上 4S 管理,让每个员工都自觉遵守各项规章制度,养成良好的工作习惯,培养持续改善的精神。

5S 之间的关系口诀如图 4–13 所示:

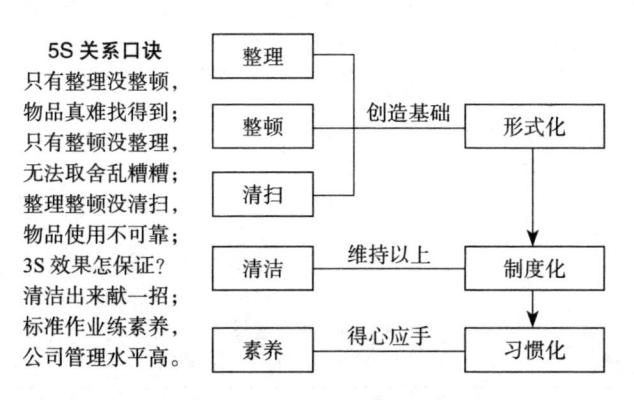

5S 关系口诀
只有整理没整顿,
物品真难找得到;
只有整顿没整理,
无法取舍乱糟糟;
整理整顿没清扫,
物品使用不可靠;
3S 效果怎保证?
清洁出来献一招;
标准作业练素养,
公司管理水平高。

图 4–13 5S 各要素关系图

2. 5S 推行要领

5S 管理的推行要领及具体内容参考表 4-13。

表 4-13　5S 的推行要领及具体内容

5S	推行要领	具体内容
整理	整理就是彻底将要与不要的东西区分清楚，并将不要的东西加以处理，它是改善生产现场的第一步	（1）对工作现场进行全面检查，包括看得见和看不见的地方，特别是不引人注意的地方。如设备底部、桌子底部、文件柜顶部等 （2）在对工作场所全面检查后，要将所有物品逐一判别，分清哪些是"要"的，哪些是"不要"的。清理非必需品的原则是看该物品现在有没有"使用价值"，而不是原来的"购买价值"。对暂时不需要的物品进行整顿时，如不能确定今后是否有用，可根据实际情况设定一个保留期限 （3）对贴了非必需品红牌的物品，须一件一件地核实实物和现品票，确认其实用价值。若被确认为非必需品，则应该具体决定处理方法，填写非必需品处理栏目。一般对非必需品采取改用、修理、卖掉、废弃等处理方法
整顿	整顿的目的在于必要的时候能迅速取到想要的东西。整顿比整理更深入一步，它表示：能迅速取出、能立即使用、处于能节约的状态	（1）对工装夹具等频繁使用的物品进行整顿，应重视并遵守使用前能"立即取得"，使用后能"立即归位"的原则 （2）对切削工具类的整顿。切削类工具需重复使用，且搬动时容易发生损坏，在整顿时应格外小心 （3）设备的整顿。主要原则就是经整顿后要使设备更容易清理、操作和检修，但是重要的还是"安全第一" （4）机台、台车类整顿 （5）配线、配管的整顿。在现场常见的蜘蛛网般的配线，地下或地面上的配管杂乱无章，必须要对此进行整顿 （6）材料的整顿。材料整顿应该遵循定量定位存放的原则 （7）危险品的整顿。危险品一定要按照其存放要求和标准进行整顿 （8）在制品的整顿。除了设备和材料，在制品是占据生产用地最多的物品，也是现场整顿的对象 （9）仓库整顿。按照"定位置、定品目、定数量"的"三定原则"进行整顿，货架要分区、分架、分层，可设置仓库总看板 （10）其他物品整顿，根据情况而定

续表

5S	推行要领	具体内容
清扫	清扫是指清除垃圾、污物、异物等，要把工作场所打扫得干干净净。生产设备一旦被污染，就容易出现故障，使用寿命也会缩短。为了防止这类情况的发生，必须杜绝污染源	（1）建立清扫责任区，做到责任到人 （2）建立清扫标准，规定清扫的对象、清扫方法与重点、要求、周期、时机、清扫工具、时间等，保持工作区干净整洁，杜绝污染源 （3）每天清扫地面、通道、摆放物品、物料、推车、垃圾箱、墙面、门窗、公告栏、开关/照明等 （4）调查污染源，予以杜绝或隔离 （5）班组长亲自参加清扫，以身作则
清洁	清洁就是指工作场所始终保持非常干净的状态，即一直保持清洁后的状态。在生产管理现场，当前面的3S推进到一定程度，就进入实施标准化的阶段	（1）每天进行3S管理，保持现场清洁卫生，无死角 （2）进行定制、画线、标志，做好目视管理 （3）设定责任者，加强3S日常管理 （4）制定考评办法，制定奖惩措施，对3S管理推行过程中表现优良和执行不力的员工，分别予以奖惩 （5）班组长主动参与，做好日常督导。车间主管随时巡查纠正，巩固成果
素养	素养是指人人依规定行事，并养成好习惯。素养是5S管理的核心，也是5S管理的最终目的	（1）持续推动前4S管理，使其标准化、常态化、习惯化 （2）制定大家共同遵守的5S管理制度规则，并将主要内容变成手册、制成图表、做成看板等，起到时时提醒、时时对标的作用 （3）制定礼仪守则，如语言礼仪、电话礼仪、仪表礼仪、行为礼仪等 （4）利用班前会、班后会对员工进行5S管理教育培训，持续强化 （5）班组长要对本班组成员的日常行为进行监督检查，适时纠偏，直至养成习惯

3. 5S推进的七大方法

5S推进的七大方法见表4–14。

表4–14　5S推进的七大方法

七大方法	适用阶段	实施要点
现场巡视	用于整理、整顿和清扫活动	（1）由5S推进委员会、部门负责人和班组长参与，通过巡视生产现场，发现问题点，记录问题点，并要求限期改善 （2）这种做法在5S管理推进初期、员工的问题意识还不够时，对活动的推进起到积极的作用

续表

七大方法	适用阶段	实施要点
定点拍照	用于整理、整顿和清扫活动	（1）定点拍照是对问题点改善前后的状况进行拍照，以便清晰地对比改善前后的状况 （2）可将定点拍照的典型案例展示在5S展示看板上，用很直观的形式告诉员工什么是好的，什么是不好的
问题票活动	适用于5S管理的全过程	（1）问题票活动是由5S推进委员会组织发起的一项解决问题的活动，其做法是在发现问题的地方贴上问题票，督促相关责任人员进行改善 （2）问题票指出的问题应该是具体明确的、能够被解决的，并且解决方法也是具体明确的 （3）问题票一般采用红色的纸张来印制
发生源对策活动	主要用于清扫活动	（1）当问题票活动推行一段时间后，绝大多数的问题都能得到有效解决，但是还有少量的难点问题和发生源一时得不到解决。针对这些难点问题、慢性问题以及发生源，有必要进行有计划的对策活动，这就是发生源活动 （2）主要分三步：第一步，对发生源和难点问题进行调查；第二步，制订对策方案与对策计划；第三步，实施对策并进行效果评估
油漆作战	主要适用于清扫活动	（1）经验告诉我们，在需要修理、修复的问题项目中又有多数的问题是老化和年久失修的地面、墙面、门窗、天花板、机器设备表面以及其他物品的损毁现象。解决这类问题的最好办法就是实施"油漆作战"，通过自主刷油漆，彻底改变现场的面貌 （2）其实施要点是彻底清扫、修理修复、全面油漆，以创造清新宜人的工作场所，使老旧的场所、设备、用具等恢复如新，给员工以信心
红牌作战	适用整理、整顿阶段	（1）所谓红牌作战，指的是在工厂内找到问题点并悬挂红牌，让员工一眼就能看明白，从而积极去改善，达到整理、整顿的目的 （2）红牌的作用：使必需品和非必需品一目了然，提高每个员工的自觉性和改进意识；红牌上写有改善期限，便于查看，引起责任部门的注意，及时清除非必需品 （3）向全员说明被挂红牌是为了把工作做得更好，要以正确的态度对待，不可置之不理或认为是奇耻大辱 （4）挂红牌时，理由要充分，事实要确凿。区分严重程度，是实实在在的问题，挂红牌；仅仅是提醒注意的，可挂黄牌 （5）挂红牌频率不宜太多，一般为一个月一次，最多为一周一次

续表

七大方法	适用阶段	实施要点
看板作战	适用于现场管理全阶段	(1)看板作战是为了让大家明白必需品的管理方法，以便使用时能马上拿到，做到寻找时间为零 (2)看板作战要遵循"三定"原则：定位，放置场所明确；定品，种类名称明确；定量，数量多少明确

问题票示例如图 4-14 所示。

```
管理编号：           发票人：

区域或设备名称 |           | 日期 |

问题描述：


对策结果记录：



对策人：              责任人：

注：对策完毕后，请将问题票返还发票人
```

图 4-14　问题票示例

案例链接
某公司《5S 现场管理推进方案》

5S 管理是企业提高工作效率和改进工作品质的基础，更是保障安全生产、优化服务质量、提升企业形象的有力手段，也是推动××公司"基础管理上台阶，专业管理上水平，现场管理上规范"的最佳切入点，特此制定《5S 现场管理推进方案》。

181

一、5S 推进目标

5S 管理的推行，不仅要让每一位班组成员知道整理、整顿、清扫、清洁、素养这五项内容，更重要的是通过切实改善工作现场中不规范、不整洁等不良现象，提高全员对自身、对环境、对设备等现场要素的持续改善意识，最终培养员工良好的现场管理习惯，创造洁净的安全生产环境，减少浪费、提高工作品质与效率。

二、推动范围与职责

××公司成立专项 5S 推进领导小组，对各部门各班组的工作进行辅导、检查与评价；各班组成员根据上级下发的 5S 指导文件，积极开展 5S 管理提升活动。

三、工作原则

1. 全员参与：各班组全体员工都要参与到 5S 的推行工作中，而且 5S 小组还要广泛征询 5S 推行的合理化建议，群策群力。

2. 领导高度重视：推进中，要求公司 5S 推进领导小组成员以及下属各单位干部高度重视，各种会议活动必须亲自参加并积极配合。

3. 摆正态度：各班组的直属上级领导与班组成员要认识到 5S 推行和实施是班组自己的事情，是长期工程，不是 5S 推进领导小组的事，5S 推进领导小组只是辅导、督促、监督现场 5S 管理的实施进程。

四、推行内容与方法（见表 4-15）

五、工作方法与工具

（一）贴标运动

1. 应用阶段：整理阶段。

表 4-15　5S 推行内容与方法

5S	改善对象	目的	主要内容	推进方法
1S 整理	空间	让员工看到浪费	学会区分物品是否有用，将无用或重复物品处理掉	贴标运动
2S 整顿	时间	让员工形成消除浪费（时间成本、物料成本等）的习惯	将留在现场的有用物品进行"定品、定位、定量"，做出标识，做好颜色区分	执行"三定"政策，实现标准化
3S 清扫	设备/环境	让员工寻找并去除造成浪费和污染的根本原因	将工作场所、相关设备清扫干净，保持工作场所干净、设备无污垢，不留死角	清扫"五步曲"
4S 清洁	流程/制度	让前 3S 的成果保持，进入日常化、制度化、长效化	将整理、整顿、清扫的做法制度化、流程化，并持续贯彻执行，维持常态化	制定班组现场《5S 管理办法》
5S 素养	人	充分发挥员工的主动性、创造性，提升员工的专业度和执行力	人人按规定办事和制度行事，培养良好的习惯，培养持续改善的精神	红牌作战、合理化建议、5S 一小课、看板展示等

2. 确定标准：班组全员研讨，对物品有用度的区分以及处理标准达成一致。可参考表 4-16。

表 4-16　对物品有用度的区分以及处理方式

区分有用度	处理方式
工作需要，并且经常用	留在离自己最近的办公区域有序放置
工作需要，但非每日必用到或数量较多	置入抽屉、储物柜或仓库
工作需要，但已损坏或过期等不可使用	丢弃或交给回收部门
工作不涉及	丢弃或挪至私人空间

3. 自查：根据标准对自己工作现场的所有物品进行清理，只留下每日必须用到的物品。

4. 互查：统一用黄色便笺纸，在整理环节结束后，全员在工作区域内对班组其他成员的整理成果进行观察，并将个人认为不应该留在办公区域的物品贴上黄色便签。

5. 对黄色便签进行评估：全班成员对工作现场被贴黄色便签的物品进行评估，然后进行再处理。

6. 记录汇总：对整理后的现场物品进行记录汇总。

（二）清扫"五步曲"

1. 确定清扫对象：对清扫的现场区域与相关设备进行确定。

2. 安排清扫人员：用轮值的方式，做出清扫人员的值日表与清扫物品、区域的点检表。

3. 确定清扫方法：选择统一的清扫工具，确定每天清扫的时间段与最少时长标准。

4. 清扫执行：值日人员在规定时间段，对规定的区域与设备、物品进行清扫，并在点检表上一一做出完成标识。

5. 清扫交接：每周期完成清扫工作，要对下一周期值日人员进行工作交接，下一轮值人员对上一周期的工作进行评议以及清扫工具的点检。

（三）红牌作战

1. 应用阶段：在完成前4S后周期性进行，建议一月一次。

2. 具体任务：每月固定一个时间段，大约半小时。班组全体成员在班组内工作现场找问题点（也叫不良点），并悬挂红牌，让大家都明白并积极去改善，从而达到整理的目的。

3. 问题点的范畴：无用品或废品的出现、现场物品的无章摆放、卫生死角的遗留、设备故障点与污染源的查找、5S管理制度或流程的缺失点等。

4. 对红牌进行不良点标签的填写、整理与改善情况整理、公示。格式可参考图 4–15。

```
                    5S
                 不良点标签
    _____
    ○ 安全      ○ 质量      ○ 污染源
    ○ 困难部位   ○ 其他
    生产线：_____  设备名称：_____
    发现人：_____  发现日期：_____

    不正常情况描述：_____
    _____
    _____
    _____

    解决人：_____
    解决方法：_____
    _____
    _____
```

图 4–15　公示举例

（四）合理化建议

应用阶段：在完成前 4S 后长期进行，建议常态化进行，可一季度提交一次。

具体任务：班组全员在工作中，对现场环境的舒适整洁、设备的无故障运转、办公物品的高效低耗性改造等进行日常化观察与改善提案的提交。

对成果进行征集和评议表彰：每一个提交周期，对合理化建议可选择几名"建议之星"进行表彰，以鼓励员工参与的积极性。

（五）看板展示

应用阶段：全程应用，可在原有管理看板上开辟5S管理模块，也可制作独立的专题看板。

展示内容：5S推进中的口号、目标等氛围、理念的透明；5S实施前后以及后续过程中的所有改善成果、待解决问题点等，例如不良点标签、一小课。可以用图片加文字的方式展示，也可以用表格的方式分析原因与成果。

六、考评办法

责任人：5S推进领导小组承担对各班组5S成果的考评与激励。

考评办法：

各班组对每周的5S管理改善情况做好记录，并每2周提交一次。

5S管理领导小组每月对各班组成果进行评价，采用积分制，对前三名进行表彰激励。

对现场问题多且改善不力的班组，向其上级部门提交《5S检查与整改通知书》。

团队管理

班组如何做好团队沟通

1. 为什么沟通如此重要

无论是在工作还是生活中，沟通是无处不在的。沟通有助于消除分歧、统一思想；沟通有助于疏导情绪、缓解压力；沟通有助于增进了解，改善关系；沟通有助于信息共享、智慧碰撞；沟通有助于凝聚共识、共进共赢。

优秀的团队一定是保持良性互动和有效沟通的，团队内部是相互信任的，工作配合是默契的，人际关系是和谐的。反之，所有糟糕的团队要么不沟通，员工之间关系紧张，要么就是沟通不畅，有摩擦，有隔阂，心不往一处想，劲不往一处使，甚至相互拆台，产生内耗。

通用公司前CEO杰克·韦尔奇认为："管理就是沟通、沟通、再沟通"，更加突出了沟通在团队管理中的重要性。因为团队都是由人组成的，我们每个人都有自己的主观意志，想法不同、动机不同、思维不同、立场不同、性格不同。管理就是要把这些不同的人有序地组织起来，去实现共同的目标，所以就需要沟通。沟通到位，才能统一团队目标和方向，达成共识；沟通到位，才能有序推进计划、组织、协调、控制；沟通到位，才能实现信息对称，消除工作推进中的分歧和误解；沟通到位，才能调动员工的积极性和主动性，凝聚团队合力；沟通到位，才能化解工作中的障碍、卡点与问题，最终达成组织目标。由此可见，管理的全过程都贯穿着沟通。

2. 什么是有效沟通

虽然沟通的重要性不言而喻，但不是所有的沟通都是有效的。想要做到有效沟通，就需要了解沟通的含义和要素。

沟通的含义：为了设定的目标，把信息、思想和情感在个人或群体间传递，并达成共识。因此，有效沟通应具备三个要素：

要素一：沟通一定要有明确的目标。比如，有的管理者在找下属谈话时，见面的第一句话会说"这次我找你的目的是……"这就是首先明确了沟通的方向和目的，这是非常重要的。而有的员工被领导叫去谈话，却始终感觉丈二和尚摸不着头脑，不清楚领导找自己谈话的真正意图是什么。所以，沟通前要设定一个明确的目的或目标，这是有效沟通最重要的前提。

要素二：沟通不仅仅是信息的传递，还包括思想和情感传递。 通常来说，信息的传递是明确的、具体的。例如：今天下午几点开会？会议主题是什么？在什么地方开会？有哪些人参与会议？谁来主持会议？等等。这些都是信息，通过精准的语言就可以传递到位。而思想和情感在沟通中不一定是通过语言信息传递的，要通过察言观色来感知。比如，一个人的眼神、表情、肢体语言等，他不经意的一个动作往往比他说了什么更重要，这些信息中隐藏了一个人更加真实的"内心剧场"。

要素三：沟通是为了达成共识或某种协议。 一次有效的沟通最后一定是达成了某种共识或某种协议。比如，有的人在开会中因为观点的不同而发生了争吵，甚至有的人拍案而起或甩门而去，这种情况往往就会产生"沟而不通"的后果。

3. 有效沟通的四大障碍

为什么会出现"沟而不通"的现象？其中有很多原因，既有主观因素，也有客观因素。沟通双方的立场、利益、性格、情绪、表达等属于主观因素，而沟通的媒介、环境、语言障碍等属于客观因素。

除了以上因素之外，团队出现"沟而不通"很可能是因为存在以下四大障碍：

第一是认知局限。"盲人摸象"的故事非常典型地描绘了人的局限性。由于每个人的文化水平、成长经历、专业经验等有所不同，决定了每个人都会存在不同程度的认知局限。在团队沟通中，克服认知局限的有效办法就是打破个人的思维壁垒，营造开放轻松的沟通环境氛围，尽可能从多个视角进行团队共创，弥补个体的局限思考。

　　第二是负面情绪。沟通=70%的情绪+30%的内容。情绪不对，内容一定扭曲。当你在别人有情绪的时候与其沟通，你的信息很大程度上会被歪曲。人们在情绪激动的时候往往会说些不客观、不理性、不冷静的话。因此，我们要尽量避免出现激烈的情绪和不冷静的态度，这会干扰信息的发送或接收。沟通双方有情绪的时候，要先冷静下来，或尝试化解双方的冲突，恢复轻松平和的谈话氛围，才可以继续进行正常的有效沟通。

　　第三是过度防御。自我防御机制是天生的，这和人类进化的过程有关。在原始社会，人们面临危险时，自我防御机制就会启动。比如，遇到猛兽时，人们本能的反应是"要么打，要么逃跑"。这种基因进化到现在就形成了人们的心理防御机制。比如，在团队沟通中，当遇到别人和自己意见不一致时，有的人就会觉得别人是在挑战自己，觉得是不给自己面子，这就是防御心理。过度的防御心理就会导致好好的讨论变成了争吵，从而影响共识的达成。打破过度防御心理的办法是要学会区分"我"和"我的观点"，不同意"我的观点"并不意味着"不认可我这个人"，只有这样，对话才能回归理性。

　　第四是归因于外。很多人在工作和生活中，往往存在"自利性偏差"，其典型特点就是"功劳都是自己的，错误都是别人的""我没有任何问题，问题都是别人造成的"。这就是典型的归因于外的心态。在团队沟通中，如果认为"都是对方的错""责任都是对方的""我没有任何问题"，这种心理很容易把对方置于自己的对立面，让对方产生负面情绪或过度防御心理，从而影响共识的达成。作为管理者，在工作中出了问题时，更要首先审视自己的问题，承担自己的责任，这样才能赢得团队的尊重和信任。

4. 团队有效沟通的五大守则

第一，以终为始。即始终记住沟通的目的。在沟通前可以预先思考四个问题：这次沟通，我希望达成什么目的？这次沟通，我希望为对方达成什么目的？这次沟通，我希望为我们的关系达成什么目的？为了达成这些目的，我应该怎么做？

第二，控制情绪。在沟通过程中，要时刻注意控制情绪，尽可能保持理性对话。如果发现沟通双方中的任何一方情绪失控，就可以暂缓沟通，先解决情绪，再解决问题。另外，在团队沟通中，要特别注重营造良好的环境和氛围，这对达成共识也有着较大的影响。

第三，有效倾听。沟通是聆听的艺术。有时候，沟通的质量取决于倾听的质量，因为沟通是双向的，只有用心倾听对方的心声，才可能真正站在对方的角度去思考问题和理解对方，在换位思考和相互理解的基础上有助于达成共识。做到有效倾听，最需要克制的是"过早质疑"。在沟通中，即使对方有不同观点，也尽量先听对方把话说完。

第四，保持尊重。尊重就像空气，它在的时候，我们感觉不到什么，但当它不在的时候，我们立马就能觉察到。所以在谈话中，一定要尊重对方，区分事实与观点，尽量不上升到人身攻击。比如："小王，你最近工作态度有问题"，这就是一个观点；"小王，你上周有三次迟到记录"，这就是表达一个事实。事实通常不会让人产生对抗情绪，但观点往往带有主观评判，所以在团队沟通中，管理者首先要以事实为依据。

第五，选择合适的沟通时机、沟通环境、沟通媒介。团队沟通要根据沟通的目的和内容，尽量选择合适的沟通时机。比如，赞美和表扬员工，尽量以公开的方式，而批评教育有时则需要私下处理；非正式的沟通话题可以在团队聚餐时顺带进行，但公司政策宣传、项目会议传达、制度规范发布等往往需要以正式形式进行；有些事必须通过文字信息传递才能更加精准明确，有些事则需要面对面的口头沟通才更到位。

5. 班组长常见的四种沟通情境

第一，如何布置工作。

班组长在布置工作时，要确保工作指令是明确的、清晰的、具体的，而不是抽象的、模糊的、模棱两可的。在布置任务时可运用5W2H法则：

What（什么事？要做什么？）：用以明确工作任务的内容及目标。

Who（由谁来执行？谁来负责？）：用以明确工作任务的对象。

When（任务的时间要求是什么？什么时候结束？什么时候检查？）：用以明确工作任务的日程。

Where（任务的执行地点在哪里？从哪里开始？到哪里结束？）：明确任务的执行地点及空间位置变化。

Why（这样做的必要性是什么？有没有更好的办法？）：告诉下级

事情的重要性，可以使他更负责任或受到激励。

How（用什么方法进行？）：用以明确工作任务完成的程序、方法的设计。

How much（做多少？做到什么程度？会花费多少成本？）：用以明确工作任务范围及解决问题所需成本。

注意事项：班组长在布置工作时，要注意语气缓和，态度尊重；确认员工完全理解其工作指令；主动探询员工的疑问和困难，并给予适当建议和辅导。

第二，如何汇报工作。

班组长在向上级汇报时，要注意以下几点：

目的明确：汇报工作前要清楚自己汇报的目的是什么。

重点突出：汇报工作前要梳理自己汇报的具体内容，并尽可能突出重点。

语言简洁：汇报工作要尽可能做到逻辑清晰、语言简洁、表达精准。

适时反馈：工作中的适时反馈比事后汇报更重要。

注意事项：对未能按时完成工作要敢于承担责任、承认错误，并说明未完成的原因、下一步对策、何时能完成。

第三，如何与员工谈心谈话。

与员工谈话是班组长进行思想工作的一个重要方法，也是一门重要的领导艺术。与员工谈话要注意以下几点：

谈话时机：班组长"六必谈"。即员工在工作中遇到困难或受到挫折时必谈；员工变动岗位时必谈；员工在工作中有思想情绪时必谈；员工在工作中出现偏差时必谈；发现员工有苗头性、倾向性问题时必谈；员工出现违法违纪受到批评或纪律处分时必谈。

用心倾听：俗话说"锣鼓要听声，说话要听音"。倾听不能满足于只当"录音机"，不仅要知道对方说了些什么，关键是要知道对方在想什么，要善于从对方的话中听出问题，有针对性地做好谈心工作。由于人们所处的环境不同，表达自己思想的方式也不尽相同。有的人说的是东，想的却是西；或者说话拐弯抹角，隐约其辞，令人费解；或者有所暗示，不直接道明。这就要求班组长开动脑筋，注重思考，对他们说的话进行具体分析，真正搞清对方的真实意图。

对症下药：由于每个人的性格不同、兴趣不同、成长经历不同，遇到的问题也不同，班组长在与员工谈心谈话时要尽可能对症下药，尽可能从对方的角度考虑问题，争取在解决问题的同时，达到班组与员工双赢的目的。

以心交心：班组长在和员工谈心谈话时，不仅要"晓之以理"，更要"动之以情"。感人心者，莫过于情。情感是打开人们心灵窗户的钥匙，情通则理达，要用真诚的、善意的、鼓励的语言去探寻员工的内在心理，关键时刻一个眼神、一个表情、一个动作，往往能收到"此时无声胜有声"的效果。

第四，如何做好与同级同事的横向沟通。

班组长在日常工作中还经常要进行横向的平行沟通，比如与前后工序、不同部门之间要进行工作协调与沟通。与同级同事的横向沟通，一般要注意以下几点：

相互信任，彼此尊重。轮换倒班、前后工序、相关部门的不同班组很难说谁重要，谁不重要，是因为分工的需要才产生工作关系的，所以要彼此尊重、相互信任，以此奠定沟通的基础。不要因为自己班组技术好或处于关键工序而瞧不起其他班组。班组长要做好本班组员工的思想工作，不要在班组与班组之间发表不利于团结的言论。

相互理解，及时沟通。同事之间在尊重的基础上要相互了解和理解，及时与上下工序、相关部门交流生产信息。为顾全大局，要多倾听对方的意见和建议。为避免误解，不要在背后议论其他班组和其他部门的是非。

相互支持，共赢合作。在其他班组遇到困难的时候，要积极给予支持和帮助，这样不但得到了别人的认可和好感，还能增进彼此的感情。在班组间沟通中遇到分歧时，要尽量换位思考，寻求共识点，本着共赢合作的态度去积极寻求解决方案，不要相互推诿、扯皮，避免无谓的争论和争吵。

案例链接
正确的班组长沟通方式

王胜利已经当了八个月的组长，组内十几名组员没有一人辞职跳槽。这期间也发生过组员想辞职的情况，但王胜利对他们做了细致的思想工作，他们都高兴地留下了。

第一位员工小吴平时干活比较实在，年龄较小。他提出辞职时，说要回老家去跟着别人卖服装，每个月能比现在多挣3000多元。王胜利问他，雇你的那个人买卖规模有多大？自己有房子、汽车吗？他说不清楚。王胜利说，你过节回老家先去看看，把情况搞准确再说。公司希望你有更好的发展前途。趁放假小吴回去一看，果不其然，服装店老板的生意很小，收入不稳定。于是小吴回到公司继续安心工作。

第二位员工小贺性格内向，长得很秀气，突然提出辞职。王胜利问他是不是工作压力太大？他说不是，是想学些技能，将来好有一技之长，还想去饭店工作。王胜利说，你想学一技之长非常好，可以理解，可是你了解外边的实际情况吗？而且外边培训班费用很高，咱们公司也有各种技能培训。在外边上课都是单班，你缺了课就补不上了，公司的培训班都是双步制，你倒班也能跟上。如果你想学，过几天我可以帮你去报名。后来小贺去了公司的培训班学习，王胜利还找了其他同事辅导他。小贺非常感谢王胜利。

【案例点评】

王胜利作为一个班组长，很好地做到了与员工谈心谈话。在沟通中，用心倾听对方的心声，充分理解对方的意图，并站到对方的角度分析问题，这是沟通的最高境界。再从尽量留住员工的角度，拿出对对方来说比较稳妥圆满的解决方案，取得了较好的结果，达到了公司与员工的双赢。

班组如何做好团队激励

1. 团队激励的重要性

美国经济学家弗朗西斯曾说："你可以买到一个人的时间，你可以雇一个人到固定的工作岗位，你可以买到按时或按日计算的技术操作，但你买不到热情，你买不到创造性，你买不到全身心的投入，你不得不设法争取这些。"团队激励的意义就在于通过各种有效的方式，真正激发员工的内在成就动机，激活其潜能，激发其工作中的成就感、责任感和使命感，使其迸发出源源不断的内驱力和创造力。

美国哈佛大学教授詹姆士也曾在一篇研究报告中指出：实行计时工资的员工仅发挥其能力的 20%~30%，而在受到充分激励时能力可发挥至 80%~90%。由此可见，适时激励所产生的绩效是巨大的。

然而，在实际工作中，对于班组长而言，激励似乎很难真正由他们来实施，因为他们手中的权力有限，特别是在物质奖励方面，班组长一般都没有决定权。但正因为这样，在有限的可利用资源的前提下，对班组成员进行适当激励，有效提升班组士气，更能体现出班组长的管理能力。

在班组管理中，团队激励的主要功能体现在两个方面：一方面是对当事人的激发和鼓励，促使其更加努力工作；另一方面，要使其他员工看到企业在鼓励什么，从而也朝着相同的方向去努力。因此，团队激励具有行为强化和营造导向的双重功能，有效的团队激励，要使两者的效能达到完美的结合。

2. 团队激励的四大原则

第一，过程激励与目标达成相结合。 激励的目的是激发员工以更大的动力来创造好的业绩。所以，在任务落实执行的全过程要激励团队士气。比如，任务执行前，要激发团队实现目标的信心；任务执行中，要激励团队克服困难，勇于解决工作中的难题；任务执行完成，要对团队取得的成绩进行相应的激励。

第二，精神鼓励与物质奖励相结合。 要启发人的潜能，先要鼓舞人的精神。每个人都有自尊心和荣誉感，对其工作中的闪光点、优秀的职业品格、勇于担当的精神等要给予必要的精神鼓励或荣誉认可，以彰显其价值。另外，对贡献较大的员工，也要在物质奖励上给予切实的实惠。班组长如果能很好地把握精神激励与物质奖励的平衡性，就能更好地激发员工的工作热情，取得更好的业绩。

第三，正向激励与反向压力相结合。正向的鼓舞往往能激发员工内心的责任感和使命感，促使其更加积极主动地去完成各项工作。有时员工也需要反向的压力，比如，"如果完不成本月的生产目标，全班奖金为零"，有时压力更能激发员工的挑战欲和创造力。

第四，即时激励与长远激励相结合。即时激励强调激励的时效性。比如，在员工做出好的业绩后，及时给予奖励，或是员工出现错误时，处罚也应及时做出。而长远激励则注重员工最佳表现行为的持久性。比如，对班组安全绩效可采取长周期考核，安全周期持续的时间越久，激励的力度越大。

3. 十种非物质激励的方式

班组长作为企业最基层的管理者，往往不具备太多的物质激励权力。以下是班组长应该学会的十种非物质激励方式（见表4-17）。

表4-17 十种非物质激励方式

激励方式	内涵及特点	实践应用
目标激励	• 人的行为都是由动机决定的，并且都是指向一定的目标的 • 目标激励就是把大、中、小和远、中、近的目标相结合，让员工在工作中时刻把自己的行为与这些目标紧密相连	• 班组长可以对班组或成员个人制定切合年度、季度、月、日的业务目标，目标要具体、明确、可衡量 • 定期检查和回顾目标，促使班组成员朝着目标努力
榜样激励	• 榜样的力量是无穷的 • 榜样激励就是要通过树典型、立标杆，引导员工向榜样看齐	• 班组长自己首先要以身作则，率先垂范，做好榜样示范 • 评选优秀班组、优秀个人，宣扬典型事迹及最佳实践等

续表

激励方式	内涵及特点	实践应用
赞美激励	• 每个人内心都渴望得到他人的赞美和肯定 • 用赞美的方式激励员工，可以激发员工更加积极向上的力量	• 要善于发现每个员工身上的闪光点，并真诚给予赞美 • 赞美是发自内心的认同，对员工的赞美，语言要真诚而有力
荣誉激励	• 荣誉是最高层次的激励 • 被赋予荣誉的人会自我设置更高的标准	• 年度优秀员工评选，并进行公开表彰 • 根据员工工作表现，赋予"安全之星""学习达人""创新能手"等荣誉称号
参与激励	• 参与决定认知，取得决定认同 • 让员工参与班组管理，参与班组重要事项的讨论和决策本身就是一种激励	• 让员工轮值主持班组例会，参与日常管理 • 开展"人人都是班组长""人人都是安全员""人人都是小讲师"等全员轮值活动
授权激励	• 授权可以激发员工的工作成就感 • 授权激励，即管理者将一定的权力授予自己直接领导的下属，使他在自己的指导和监督下，自主地对某些工作进行决断和处理	• 班组长可将部分管理工作授权给员工 • 授权是为了培养员工，而不是把自己不想干的事情扔给员工 • 授权后，班组长要对员工的工作进行必要的支持和指导，不是撒手不管
信任激励	• 上下级之间的相互理解和信任是一种强大的精神力量 • 信任可以减少管理者与被管理者之间的对抗和博弈	• 充分信任员工的能力和价值，给予其成长的机会和平台 • 用信任的语言鼓励员工，比如"我相信你可以做得更好"
尊重激励	• 相互尊重有利于团队和谐 • 尊重员工的人格，尊重其自尊心、自爱心、进取心等	• 在班组管理中，征求员工的意见和建议 • 经常组织班组谈心会，听取员工的心声 • 在日常沟通中，切忌人身攻击
关怀激励	• 每个人都希望被温暖 • 对员工真诚的关怀可以激发其工作斗志和责任感	• 关心员工的身体、思想、情感和情绪 • 开展各种形式的员工关爱活动，比如，酷暑季节送绿豆汤等
竞争激励	• 以赛促学、以赛促练是最好的培养人的方式 • 赛台，即价值展现平台	• 开展班组间的指标竞赛 • 在班组日常工作中，开展赛安全、赛技能、赛绝活、赛创新、赛作风等主题活动

班组如何化解团队冲突

1. 团队冲突的表现

冲突是由于工作群体或个人试图满足自身需要，而使另一群体或个人受到挫折的社会心理现象。冲突是一个过程，在这个过程中人们会认为自己的利益被另一方侵犯或受到负面影响。

企业内冲突是由于双方的观点、需要、欲望、利益和要求的不兼容而引起的激烈争斗，表现为争吵、摩擦或对抗性行为。班组内的冲突既可发生在个人与个人之间，也可发生在群体与群体之间。我们这里所说的冲突指的是班组成员之间的冲突。

| 案例链接
| **发生冲突的错误解决方法**

在某次航班中，乘务员小刘和小杨因为一些小事发生了口角，小刘动作麻利但说话挺冲，小杨做事仔细但动作较慢。当时旅客较多，正值给旅客上餐之际，小刘嫌小杨干活磨蹭，说："学了这么长时间，怎么还这么'肉'？"小杨对小刘经常看不起她早就有积怨，也反唇相讥。几句话，两人都恼了，竟然当着旅客的面争吵起来。而这时张乘务长竟然不知要怎么办好，只是大声地训斥二人："别吵了，丢人不丢人！"可两人还是不顾一切，互相推搡起来，在旅客的劝阻下，双方才"停战"。事后小刘、小杨和张乘务长都受到了公司的处分。

【案例点评】

张乘务长的错误就在于没有及时有效地化解团队内部的矛盾，从而使这种矛盾演化成了冲突，对公司形象造成了负面影响。作为一线班组长，在平时工作中要注意细心观察团队成员的思想、情绪，留意团队内部的小矛盾，及时疏导化解，以防演变成团队冲突，造成不良的后果。

2. 化解团队冲突的三个注意

首先，班组长必须意识到，冲突不会自行消失，如果你置之不理，团队冲突只会逐步升级。其次，作为班组长的你有责任在班组里恢复和谐的气氛。所以班组长必须学会当裁判，吹响哨子。下面是班组长处理团队内部冲突时必须牢记于心的内容。

第一，记住你的目标是寻找解决方法，而不是指责某一个人。即便指责是正确的，也会使对方顿起戒心，结果反而让他们不肯妥协。

第二，不要采用过激的负面话语。任何情况下，记住不说不该说的话，绝不口出恶言。正所谓"病从口入，祸从口出"，如果说了不该说的话，往往要付出极大的代价来弥补，甚至还可能造成永远无法弥补的遗憾。所以，一定要注意语言的艺术，切不可口无遮拦、激化矛盾。

第三，坚持客观的态度。区别事实与假设。去除感情因素，集中精力进行深入的调查研究，发现事实真相，找到冲突的根源。不要假设某一方是错的，要公正地倾听双方的意见。最好的办法是让冲突双方自己解决问题，而你担任调停者的角色。

3. 化解团队冲突的四大法宝

构建团队共识。为了营造和谐凝聚的团队氛围，班组长应作为主持人，引导全体班组成员建立班组"小家规"。"小家规"是全体班组成员共同认可、共同商定、共同遵守的一套行为规范和价值共识。在"小家规"的指引下，每个班组成员都应该自觉规范自己的行为，即使发生分歧，也要像家人一样商量着解决问题。

建立信任文化。在班组日常工作中，要建立一种信任文化，班组长要信任员工，员工之间也要相互信任。而信任文化的建立，关键在于引导大家相互发现彼此身上的闪光点，并给予真诚的认可和赞美，让每个人都感觉自己是团队中重要的一分子，大家彼此是相互尊重、相互关心、相互支持、相互补位的，是一个和谐凝聚、团结一心、共进共赢的大家庭。

重视团队沟通。当员工在工作中产生抵触情绪或是消极思想时，班组长要及时与其进行谈话，切实了解员工的心声，帮助其解决工作中的障碍或卡点。另外，班组也可定期组织畅谈会，鼓励大家分享工作中的所思所想，增进大家的思想和情感沟通，增进彼此的相互理解和信任，强化团队的向心力和凝聚力。

理性化解冲突。当冲突发生时，可通过以下三部曲化解冲突。第一，停止。当冲突发生时，要立即按下"暂停"键；先让冲突双方冷静下来，花一些时间来整理思路与情绪；询问双方的感受、想法、利益、立场与目标。第二，探询。创造安全的谈话环境，给予冲突双方表达观点的机会；向双方询问开放性的问题，并探讨双方的共同利益；分享彼此的观点、利益、需求和立场，推进冲突解决的各项可能方案。第三，推进。对解决方案达成共识，并形成记录；按照双方共识，采取行动并承担责任；复盘反思，形成同类问题解决的方法和策略。

案例链接
老张如何带好这几个兵

老张是某企业维修三班的班组长,工作经验丰富,技能熟练。他当班组长已经3年了,每年各项班组指标都能顺利完成,也没出过什么事故。但是,在一次调研中,老张说起了自己的苦恼。他说,班组里的这些事没什么能难倒他的,只有一件事最让他头疼,就是员工不好管啊。他举了几个例子:

王师傅:我们班里最牛的技术大拿了,特别爱钻研,理论功底深厚,经验也丰富,但是性格有点怪,别人干的活他大多都看不上,而且说话有点难听,与大家关系也不是很融洽。

小刘:去年刚分配过来的新员工,性格活泼,爱好也广泛,唱歌好听,篮球打得也不错,喜欢出风头,但是不怎么能吃苦,技能上进步比较慢。

赵光明:我们班的安全员,一向作风严谨,交给他的事都会认真落实,很负责任,但就是太较真了,有时班组里讨论什么事,他总是吹毛求疵地较真某些细节,弄得大家也很累。

常亮:性格温和,也很乐于助人,和大家关系处得都不错。不过就是让他发表观点时,他的标准回答是"我都行,你们定了就行"。

【案例点评】

要想打造有战斗力、有凝聚力的团队,管理者就要有一双慧眼。要善于发现员工身上的亮点,用其所长,引导其有正能量的发挥。同时根据每个人的情况,合理分派任务,充分发挥每个人的优势,做到互相补位,互相认可,最终实现团队合力的最大化。在本案例中,老张要做的就是要根据每个班组成员的特点,采取不同的引导激励和沟通方式。比如,对于经验丰富的老员工(王师傅),最重要的是给认可、给尊重,充分发挥其技术带头人的作用;对于外向活泼的表现型员工(小刘),最重要的是给舞台、给机会,充分发挥其在班组里的活动组织作用,增强团队士气和活力;对于"细节控"员工(赵光明),应该肯定其严谨、细致的工作作风,充分发挥其在安全管理、风险预判、工作质量把关等方面的作用;对于"老好人"型员工(常亮),充分发挥其团队润滑剂的作用,巧妙化解团队冲突与矛盾。

学习管理

何为学习型班组

随着全球经济复杂性和竞争性的日趋加剧,向学习型组织转型已经成为大部分企业的迫切需求。越来越多的国家、机构和企业认识到组织学习的重要意义。"学习工作化、工作学习化"的理念已经渗透到很多企业管理实践中。

按照教科书上的定义,所谓学习型班组,是以学习型组织理论为指导,以"两化"(工作学习化与学习工作化)深度融合为导向,通过打造一套集团队式学习、碎片式学习、反思式学习为典型特征的班组日常化学习机制,引导基层团队养成善于"分享、反馈、反思"的习惯,并具有"善于通过学习解决问题"的能力。

一个比较典型的学习型班组,一般会具有以下几个方面的特征。

首先，从学习的主体看，人人都是学习的参与者。 人与环境是对象化机制，个体被环境塑造的同时也参与对环境的塑造。学习型班组的打造，关键在于建立一套机制、营造一种氛围、创建一种文化，让每一个个体成为学习参与的主体、价值贡献的主体和环境赋能的主体。

其次，从学习的内容看，更加注重工作中的实践性知识。 对于一线班组成员来说，工作以实操性为主，真正有效的知识和能力大多来源于工作本身。因此，班组学习不再是脱离工作的单纯活动，而更加强调"做中学"的"习学"理念，习是实践，学是吸收、总结、分享及价值沉淀，学习和工作越来越趋向一体化，学习工作化与工作学习化实现了更深层次的融合。

最后，从学习的方式看，更加强调分享、反馈与反思。 当代管理理论大师阿吉利斯认为，大部分人之所以在工作和学习上事倍功半，很大程度上都是因为他们只会"单环学习"。所谓"单环学习"就是为了解决眼前的问题而学习，不懂反思，抓不住事物的本质。而班组学习更加强调"双环学习"，即找到问题的核心根源，尽可能把遇到的问题放在一个更广阔和更长远的背景下去思考，简单理解就是"遇到问题，多问几个为什么"。同时，通过全员分享、评议、反馈和案例反思等日常化机制，强化组织经验的沉淀和团队智慧的闭环。

班组应该树立怎样的学习理念

1. 以实践为师

实践是检验真理的唯一标准。以实践为师，就是立足实际工作，立足本职岗位，在实践中学习，在实践中成长。作为班组长，要遵循

"三现主义"，即到现场、抓现事、讲现课。也就是说，班组学习不能只停留在书本理论上，也不能只局限于培训现场，而要深入现场、聚焦实践，把工作现场当成第一培训现场，把现场问题当作第一管理资源，把现人现事当作第一教学案例。

2. 以问题为师

只要有人的地方，就会产生和制造问题。没有问题就是最大的问题。工作中遇到问题是无法避免的，既然无法避免，那就要积极面对问题和解决问题。优秀的班组通常能够变问题为机会，并将问题转化为管理资源，把工作中出现的每一个问题都当成一个学习课题或改善课题，通过群策群力和团队汇智，培养员工发现问题、分析问题和解决问题的思维和能力。一线班组应树立正确的"问题观"：问题就是团队改进方向，就是组织进步的目标；发现问题就是进步，解决问题就是创新；找准一个问题，比给出一个答案更重要；找不到问题就是最大的问题；不怕有问题，就怕没问题，不怕问题多，就怕不解决。在日常工作中要引入复盘机制，通过对典型案例、重点项目进行复盘，总结其中的问题，反思其中的经验和教训，从而形成同类问题解决的思路和流程。

3. 以标杆为师

标杆就是榜样，标杆就是旗帜，标杆就是方向。以标杆为师，可以从三方面着手：第一是企业间对标。即不断寻找和研究一流企业的最佳实践，并以此为基准与本企业进行比较、分析和研究，在模仿学习的基础上创造自己的最佳实践，从而进入持续改进的良性循环。

第二是企业内兑标。即以"兑标课"形式，为各车间、各班组搭建分享交流平台，推广先进理念，传播经验做法，萃取核心价值，让组织内部最佳实践得到推广和复制。第三是个人间对标。即定期评选各类优秀员工、操作达人、岗位能手、绝活明星等，并为其建立分享平台，不仅提升了个人荣誉感和价值感，而且也同时激励了其他员工。

班组日常化学习方式举例

班组日常化学习方式，可以结合各班组的工作性质和业务特点灵活开展。最常见的班组学习方式有以下几种。

1. 每日一问法

很多企业都存在工学矛盾问题，尤其是基层班组，由于生产工作繁忙，很难抽出大块的时间进行集中学习和业务培训。解决这一难题最好的方式就是采用碎片式学习，"每日一问"就是班组碎片式学习的有效方式。

"每日一问"，就是把班组成员应知应会的相关知识拆解成一个个碎片化小问题，通过提问的方式，帮助员工掌握和理解。这种学习方式克服了基层员工学习时间不足的困难，把学习任务分解到每一天，每天学习一点点，每天精进一点点。日积月累，厚积薄发，持续夯实员工基本功。

具体运行方式指导：在每天的班前例会中，插入"每日一问"环节，时间在3~5分钟，由轮值学习委员设定既定的学习主题和知识点，组织大家一起学习。一个月下来，班组就积累了近30个知识点。

为了强化学习的有效性，班组可以通过随机问答、竞赛考试等方式检验大家的学习效果（如图 4-16）。

综采队职工学习
——— 每日一问 ———

《公司规程》规定生产矿井采掘工作面的温度不得超过多少度？机电设备硐室不准超过多少度？

答：生产矿井采掘工作面的温度不准超过 30℃，机电设备硐室不准超过 34℃。如分别超过 30℃和 34℃，必须撤出人员停止工作。

图 4-16 "每日一问"举例

2. 全员小课法

全员小课法，即由班组成员轮值讲一小课。"小"即时间短、主题小、内容实、授课方式灵活，小课主题贴近班组业务场景，可以是工作中的某些小知识、小方法、小经验、小技能、小绝活、小案例等。在共同学习和讨论中，这种方式可以不断提升班组成员知识技能水平和综合素质，并逐步形成人人学习、人人分享、人人提升的班组学习氛围。

全员小课法的开展，实现了三个重要转变：

第一，由个体式学习向团队式学习的转变。 萧伯纳说过一句经典名言："你有一个苹果，我有一个苹果，我们彼此交换，每人还是一个苹果；你有一种思想，我有一种思想，我们彼此交换，每人可拥有两种思想。"全员小课活动的开展，为班组成员提供了与他人互动、与环境互动的机会，实现了班组内部思想、知识、经验、成果的交流与共享。

第二，由被动式学习向主动式学习的转变。 这种学习方式，颠覆了传统培训"你讲什么，我听什么"的被动式学习，更加强调"学以致用"和"用以致学"。在这种模式下"人人皆可为师，人人皆能为师"，通过讲、学、思、评等多种方式，促使班组成员互相学习、互相促进、互相校正，有助于营造良好的团队学习氛围。

第三，由集中式学习向碎片式学习的转变。相对于集中式培训，这种学习方式更强调碎片式学习，可以根据班组工作性质和实际情况，灵活确定学习主题和学习时间。每一小课的主题不宜太大，能讲透一个问题或一个知识点即可，时间不宜过长，一般在 10 分钟以内。

> **案例链接**
> **对"全员小课法"的实际应用**
>
> 某公司"人人都讲一小课"活动的员工参与率达到了 100%。其中，被选入《优秀小课集》的课件近千个，基层班组涌现出了一大批"小课达人"。
>
> 【案例点评】
> "人人都讲一小课"是一种班组学习的有效实践方式。通过采取团队分享式、互动式学习模式，不仅有效调动了每个人的学习热情，而且也发挥了每个人的优势，促成班组隐性经验的显性化共享与传播。

3. 案例学习法

案例是指发生在班组成员身边的看似微不足道的一件件小事。案例学习法，就是通过讲一个故事或者一个案例，来阐释一个道理，解决一个问题，传承一种经验。案例学习法要求班组成员关注"身边的人、身边的事",并将这些案例说出来或写出来与大家共享。它来源于实践,又服务于实践,是一种非常实用的管理方法。

案例学习法最大的特点是"说事具体化,说理启发化"。透过真实的、具体的事件,引发大家的深思,它不同于空洞的说教,也避免了家长式的命令,变被动接受管理为主动思考、集体反思,减少了员工的博弈和对抗心理。通过案例分享,可以培养员工的问题敏感度、风险敏感度,强化责任意识;通过案例讨论,培养员工自主解决问题的能力和创新思维习惯;通过案例评议,不断融合和统一团队思想、价值观及行为方式;通过案例总结与经验沉淀,以小见大,举一反三,形成班组解决问题的管理模式。

具体运行方式指导:

第一,案例分享。案例分享要鼓励全员参与,案例素材以"身边的人、身边的事"为主,只要是与工作相关的"人、物、环、管、文"方方面面都是案例的素材;案例包括安全管理、文明生产、降本增效、文化践行、管理创新等多种类型;案例描述应完整,尽量包括时间、地点、人物、事件、结果等要素。

第二,案例讨论。案例讨论可定期在班组例会上进行,典型案例可以通过互动讨论的方式进行全员评议。在案例评议中,要鼓励班组成员讲真话、说实情、谈实感,真正实现集体交流和反思,不断促进团队思想的碰撞与融合。

第三,案例存档。有价值的典型案例应进行存档保留,也可以编制成《班组案例集》(见图4–17)。必要时,可以作为新员工的培训教材使用。

案例名称	变桨控制柜断丝取出方法		案例分享人	
案例陈述	某风电项目2019年4月，2#风机轮毂变桨六方柜六颗固定螺栓断裂。			
处理方法	一、断丝取出常用方法 （1）使用砂轮机把断丝的部位磨平，再用钻头钻，断丝就会脱落。 （2）在断丝上焊接一个六方头螺帽，然后拧出断丝。 （3）用专用取断丝的便携式工具（断丝取出器）将断丝取出。 二、断裂螺栓情况分析 　　（1）螺栓断裂面低于螺孔面。（2）螺栓断裂面高于螺孔面。 根据现场螺栓断裂位置结合风机特殊工况，选择相应的方法进行取丝工作。 使用方法 　　当螺栓由于锈蚀等原因断裂后，先根据螺栓的直径选用适当规格的钻头在断螺栓的中心钻一个孔，然后选用相应的螺丝取出器插入，用活动扳手逆时针转动，就能将断螺栓取出。另外，内六角(或外六角)的六角头拧紧或旋开失效，也能用此方式取出。			

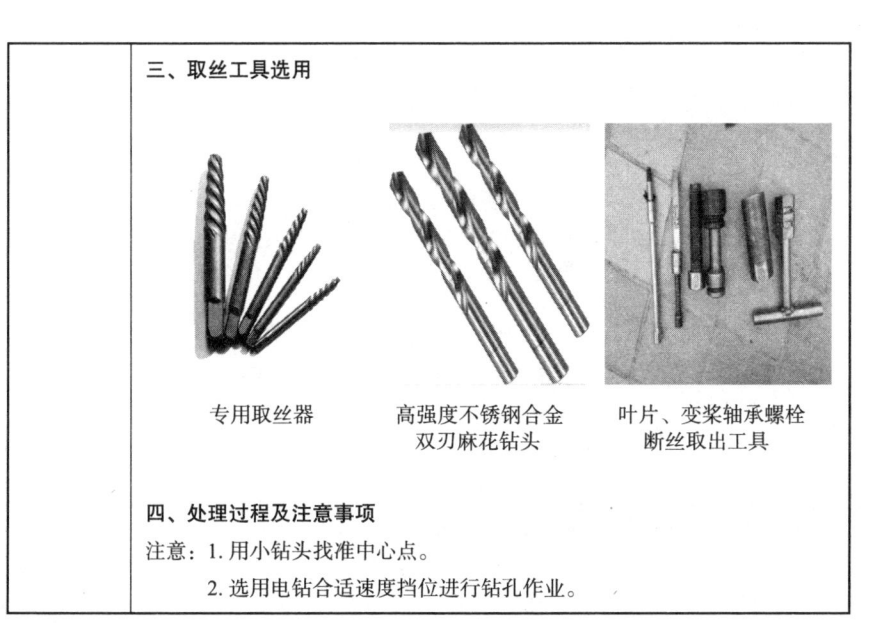

> 三、取丝工具选用
>
> 专用取丝器　　　高强度不锈钢合金　　叶片、变桨轴承螺栓
> 　　　　　　　　双刃麻花钻头　　　　断丝取出工具
>
> 四、处理过程及注意事项
> 注意：1. 用小钻头找准中心点。
> 　　　2. 选用电钻合适速度挡位进行钻孔作业。

图 4-17　案例举例

4. 复盘学习法

组织最大的浪费是经验的浪费，企业最大的成本是试错成本。如何降低企业的试错成本，沉淀组织智慧与经验，推动员工成长与组织发展的双赢精进，复盘无疑是一种最有效的方式。从根本上看，组织学习要解决两个转化：一是将组织的要求和最佳实践经验转化为个体的能力；二是将组织中标杆的经验转化为组织的能力和群体共有的智慧。所以，复盘学习法既是"温故"，向过去、向团队学习；又是"知新"，面对未来，可以应对更多的不确定性。

具体运行方式指导，如表 4-18 所示。

表 4–18　复盘学习法运行方式指导举例

阶段	关键活动	引导问题	工具应用
回顾、评估	回顾目的与目标、计划与过程、评估结果	当初行动的意图或目的、初衷是什么 事件/行动想要达到的目标是什么 事先设想要实现的关键结果是什么 为了实现目标，我们采用的策略打法是什么 预先制订的计划是怎样的 实际结果是怎样的 如有必要，请回顾这些结果是如何发生的 在什么情况下，发生了哪些事 基于目标与实际结果，哪些地方做得好？哪些地方未达预期或有待改进	目标清单 检查清单
分析、反思	对经验点和不足点进行分析，深度解析原因	哪些事情做对了？关键成功因素是什么 哪些事情做错了或没做好？根本原因是什么 通过"5WHY"法，连续追问本质原因	5WHY 5M1E 鱼骨图
萃取、提炼	举一反三，提萃经验，总结教训	我们从这个事件中学到了什么 有哪些经验值得推广和复制 有哪些做法值得改进	萃取工具 团队评议法
转化、应用	将提萃的经验、教训应用到后续工作实践中	以后同样的事情，我们应该怎么做 接下来，我们应该做些什么 哪些做法可以进行标准化？如何推广	流程图 行动改善计划

案例链接
基于"两化"融合的"学习场"构建

某企业通过"全员大讲堂"活动，为员工搭建了分享交流的平台、比拼争优的擂台和展示风采的舞台，不仅激发了组织内生活力，让员工感受到价值认同，而且促进了工作学习化和学习工作化的"两化"深入融合，打造了人人参与、人人分享、人人学习、人人提升的企业"学习场"。

该企业的具体做法如下：

第一，设立"中高层管理人员大讲堂"。为了及时传达和了解公司新的形势、新变化和新要求，专门搭建了领导干部和中层管理人员互学互促讲堂。比如，每周定期组织中层以上党员干部、管理人员集中学习，学习内容包括公司最新要求、安全环保、班组建设、安全管理以及现场问题等。

第二，设立"技术管理人员大讲堂"。通过固定时间、专业例会等方式，让技术管理人员轮值讲课分享。为了保证学习的效果和质量，要求分享人提前准备课题，并由专业人员进行审核。分享人及参加学习人员均采取积分制办法，通过考试评定学习效果。另外，积极鼓励技术人员深入生产现场讲课，增进与一线生产人员的交流互动，以此推动技术改善与创新。

第三，设立"基层班组长大讲堂"。为了提升班组长的综合胜任力，公司专门搭建"班组长学习大讲堂"，主要以班组长轮值分享为主。到目前为止，组织活动共76期，有110位班组长走上了讲台，参与学习人员达15000人次。

第四，设立"一线员工大讲堂"。"班组一小课"的推进，为每一个员工搭建了分享展示的舞台。各班组也总结出诸如"快乐问答""你讲我评""每日一题""话说安规"等一批典型学习模式，促使班组内部很多隐性知识得以显性化，很多好的工作经验和做法也得到了及时推广和应用。

第五，组织部门及车间"兑标课"。即为各部门、各车间搭建对标学习和分享交流的平台。其中，"兑"，即勾兑、兑换，旨在交换先进的理念和方法，挖潜群众智慧，激发组织创新活力，并达成共同愿景和目标;"标",即标杆、标准,通过对标最佳实践,萃取优秀经验和做法,让标杆变成标准,在更大范围内推广传播,从而不断提升组织的整体竞争力;"课",即"习学"的过程,"习学"就是在实践中学习,不仅要学习先进的理念、方法、经验和模式,更要结合自身工作实际,创造性应用和传承。"兑标课"运作流程如图4-18:

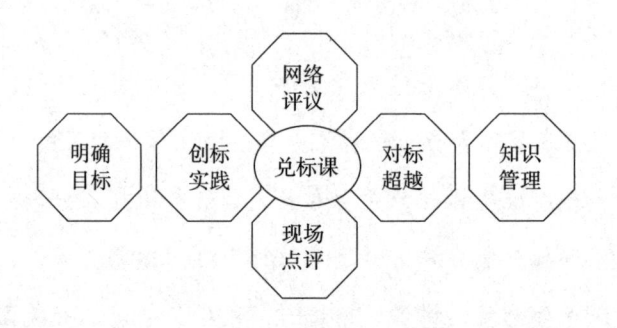

```
       网络
       评议
明确  创标  兑标  对标  知识
目标  实践  课    超越  管理
       现场
       点评
```

一场"兑标"一堂课,工作学习一体化;舞台赛台同时搭,互学互促求卓越标杆成果值得学,激励嘉奖要及时;方法经验可借鉴,为我所用就是宝

图 4-18 "兑标课"运作流程

【案例点评】

"兑标课"是组织学习汇智模式的新探索。一方面打破了职能壁垒和部门障碍,通过多视角思考和多方面汇智,萃取最佳实践和经验,优化工作思路和方法,依靠团队的力量共同解决工作中的难题;另一方面打破了惯性思维和认知博弈。通过不同部门、不同车间之间相互"兑标",在智慧碰撞和思想交互中,实现了互学互促、价值共赢。

创新管理

班组如何理解"创新"

创新是推动人类社会向前发展的重要力量。在激烈的国际竞争中，唯创新者进，唯创新者强，唯创新者胜。实施创新驱动发展战略，推动以科技创新为核心的全面创新，让创新成为推动发展的第一动力，是适应和引领我国企业发展新常态的现实需要。

班组是企业的最小细胞，是企业创新创效的源泉所在。如果每个班组、每个岗位、每个员工都能立足自身，善于发现工作中的问题，并成为问题的解决者，那么企业就有了源源不断的创新活力。

到底什么是创新？这里引用国际创新领域领导者罗伯特·塔克的观点，他认为创新就是："提出创意并把它变为现实，以此创造新的客户认知价值"。简单理解，创新 = 有创意的思想 + 可实现的方法 + 产生价值。

| 案例链接
| 强生公司的创新故事

1890年的强生公司以供应抗菌纱布和医疗药膏为主业。某天，公司的一个合伙人收到了一位医生的来信，抱怨病人用了强生的医疗药膏后皮肤感觉不适。这名合伙人凭着自己在医药方面的丰富经验，马上给这位医生寄了一小包滑石粉，告诉对方可以把滑石粉抹到用过药膏的皮肤上，这样就能有效缓解病人的不适感。这位医生照做后，果

然病人的不适感消失了。这名合伙人之后便建议公司,在卖这些可能使皮肤感到不适的产品时附赠一小罐滑石粉,作为标准包装的一部分。结果公司惊喜地发现,很多顾客开始要求直接购买这种滑石粉。强生公司为了适应顾客的需求,制造了"强生爽身粉",马上成了家喻户晓的产品。一个小小的事件,却让利润翻倍。后来,强生公司的一名员工又意外发明了另一种产品,就是大家熟知的邦迪创可贴。当时,这名员工的新婚妻子因为不擅长做家务,导致手上、胳膊上等经常受伤,当她自己一个人在家时,很难用纱布等物品处理及包扎伤口。为了解决这个问题,这名员工先在一条纱布上贴好医用胶带,之后再把另一条较小的纱布放到胶带中间,这样妻子就能单手处理伤口了。后来,这名员工申请了专利,并授权给了强生公司,通过不断地改进,就有了我们现在熟知的邦迪创可贴。一个爽身粉,一个创可贴,帮助强生公司成功转型,进入了个人护理消费品领域。

【案例点评】

创新并不是多么"高大上"的事情,并不是所有创新都是兴师动众、大刀阔斧的,有的创新就是源自一些小意外、小发现、小改进。所以,在班组创新理念上,应坚持几个重要理念:创新无处不在;人人皆可创新,人人皆能创新;发现问题就是进步,解决问题就是创新。

班组从哪些方面开展创新

班组可以围绕以下三个方面开展创新活动。

第一,技术创新。班组是生产活动的第一现场,也是问题发现和解决的第一现场。一线班组员工可以立足自身岗位和工作实践,从岗位的小发明、小创造、小革新、小设计、小建议等"五小"技术创新活动做起。

第二，**管理创新**。班组是企业最小经营单元，可以说"麻雀虽小五脏俱全"，班组管理水平的高低，直接关系到班组各项经营指标能否顺利达成。班组可以围绕安全管理、质量管理、人员管理、现场管理、绩效管理、团队建设等方面，积极探索好的经验和管理模式，不断提升班组管理的整体效能。

第三，**其他创新**。只要对班组整体效能提升和团队凝聚力建设有帮助的做法，都可以不断总结经验，推进创新成果的"百花齐放"。

总而言之，创新不是"走形式、做样子、摆花架子"，而是围绕班组日常事务，鼓励广大员工立足实践，从工作中发现问题点、改善点、经验点，推进各项工作持续改进的务实之举。

班组如何建立创新氛围

实践证明，不管是对企业还是对自己，创新才能发展，创新才能提高经济效益和劳动效率。但是，现在很多班组存在成员创新意识不强的现象。不少员工认为，班组技术创新是技术人员和班组长的事，与自己无关。所以，大部分员工对创新不感兴趣，只想当个旁观者。为了建立一种有利于员工创新的环境氛围，班组长可以采取以下措施：

第一，**通过宣传手段鼓励员工勇于创新**。比如，利用看板、橱窗、展厅、报告会、展览会、公司网页等多种形式宣传创新先进个人的事迹和创新方法、经验。号召大家向从班组里成长起来的优秀楷模和榜样学习，在班组里形成勇于创新、积极创新的良好风气。

第二，通过竞赛活动激发员工的创新热情。比如，举办小微创新大赛活动，鼓励员工立足岗位创新，试着去解决身边工作中的瓶颈问题，在行动中、在学习中提升创新能力。

第三，通过合理化建议活动引导员工积极建言献策。比如，举办"找问题，促改善，我为公司献一策""班组金点子""人人抓好一改善"等活动，鼓励一线员工立足岗位、立足实践，积极开动脑筋，切实解决工作中的一些问题点和困难点。

第四，建立创新激励机制激发员工的创新内驱力。比如，在遵循基本制度和标准的前提下，允许创新者用自己的方法工作，给员工一定的自由，使他们愿意主动改进自己的工作方法或练就自身的岗位绝活；设立班组创新激励奖，以创新者的姓名命名创新项目，通过内部会议、报纸、文化墙等给予公开嘉许的方式进行精神激励，并给予一定的物质激励；通过评选"班组创新奖""创新之星""创新达人"等方式，激发员工的创新内驱力和成就感。

第五，加强班组创新文化建设。比如，通过文化标语、创新展示、视频宣传等多种方式，强调创新对于企业和员工的重要性，培养员工的创新意识；主动为班组创新搭台子，在积极开展培训、继续教育、学习消化新技术、建立创新工作室等方面下功夫，注重对员工创新思维和创新能力的培养，并尽可能提供一切便利条件；在适当情况下，对富有成果的创新者给予各方面帮助，使其可调配一定的人力、物力从事他们所希望的研究工作。

总之，班组要通过多种方式和渠道，打通员工创新的动力障碍、能力障碍和环境障碍，逐步形成人人重视创新、人人愿意创新、人人能够创新的局面。

案例链接
某公司多措并举推进班组创新

某化工公司通过近几年对班组建设的有力探索与深入实践意识到，广大员工才是驱动组织发展与变革的真正主角。组织的发展归根结底是其中每个个体发展的合力，只有员工的知识、技能、工作态度、创新能力等不断提高，公司才能获得长足发展。

为此，该公司多措并举，有效激活了员工的参与性、主动性和创造力，构建了一个人人学习、人人创新、人人改善的软环境文化氛围。主要做法如下。

一是引导员工树立创新意识。公司积极引导员工树立"发现问题就是进步，解决问题就是创新""问题就是改善空间，问题就是创新契机""人人皆可创新、人人皆能创新"等创新理念，引导全员立足实践进行自主创新。

二是培养员工的创新思维和能力。公司结合实际，组织一线班组长、技术骨干等开展各类创新培训和学习活动。比如，通过"创新思维训练""问题发现与解决""团队汇智技术"等培训，有效开拓了员工的创新思维，提升了团队分析和解决问题的能力，让员工感觉创新并不是离自己很远的事情，而是立足实践、立足岗位、立足日常开动脑筋解决实际问题的务实之举。

三是激励班组创新中的标杆人物。比如，推行"员工首创命名制"。为了尊重员工的首创精神，公司鼓励用员工名字命名创新成果，既让员工名利双收，又有效推进了公司生产经营活动的全面提质增效。截至2018年底，以员工名字命名的创新方法多达60多项，如乙炔车间"谢斌升压机切换法""侯飞升压机置换法""潘东森110m³聚合釜内冷管查漏法""王飞水环真空泵机封更换法""徐珊珊淀粉溶液配制法""丁日鑫乙炔溢流液回收装置置换法""周林发生器清检法""王和俊拉绳开关使用寿命改善法"等。

四是设立课题改善效益奖。公司每年隆重召开科技总结大会，对获得技术攻关成果的班组隆重表彰。同时，根据每项攻关课题的完成情况，设立装置改善效益奖。对装置改善每年产生经济效益的项目，给予参与人员1%～5%的奖励。对装置改善产生安全、环保效益的项目，给予1000～10000元的奖励。

举例说明：聚氯乙烯车间新增釜顶冷项目。改造前聚合1#、2#共装置有12台70m³聚合釜，分别为1#装置锦化机聚合釜6台，2#装置森松聚合釜6台，1#装置聚合装置用2台800万大卡的溴化锂机组提供低温水。改造后，提高了装置进料量每天4釜，合计产量约80吨，累计全年提高产能2.7万吨以上。按照每吨PVC利润500元计算（增产PVC只核算原材料成本），每年可产生利润1350万元，产能提高后助剂成本增加40元/吨，按年产19万吨PVC计算，增加助剂成本760万元，改造后每年增加利润1350－760＝590万元。为此，公司对该项目的科技带头人及参与人员分别进行了荣誉表彰，并给予了物质奖励。

五是建立健全合理化建议平台。班组合理化建议包括：第一，窍门，比如员工在长期的工作实践中摸索出来的小方法；第二，经验，员工在生产实践中总结出来的一套处理问题的流程和方法，如听声音可判断机械的故障；第三，革新，通过对技术、设备、工艺的改进，可提高工作效率、降低安全风险、降低生产成本、提高产品质量等；第四，绝活，在某一领域、某一岗位所需要具备的特殊技能和技巧等；

第五，新技术、新材料的应用；第六，创造性地消化、吸收引进的新技术等；第七，优化管理，帮助班组提高凝聚力、战斗力和创造力的管理手段、方法和经验等。对以上合理化建议，进行每周一汇、每月一评，对于有价值的合理化建议，公司会对提出人员予以一定额度奖励。

六是设展台，促动成果价值转化。为了促动各类创新成果真正转化为应用价值，并在更大范围内进行推广复制，公司通过会展专栏、宣传手册、展板标语、文化墙、微视频等多种形式，搭设了各类创新大晒台。

举例说明：由员工自发组成虚拟小组，把对安全生产、班组建设、环境保护、问题改善等工作的理解，以图文并茂的形式，手绘出755m^3的文化墙，成为园区一道亮丽的风景线。此外，公司专门成立了"日新视频工作室"，将安全环保、生产行为、查隐患反违章等内容，以"安全侠""新闻姐""漫画哥"等形象化、生动化的手法展现，公司共制作各类微视频500余条。

例会管理

班组例会有何作用

班组例会是借助周期性班组会议，加强班组内部安全作业、目标控制、任务落实、人员调配、分享学习等日常管理活动的有效平台。

1. 班前会的意义

班前会顾名思义是班组每天工作前开的会，是对当班工作的统筹部署与安排，包括工作目标、工作任务、分工配合、问题预判、安全提醒、政策传达等多个要素。班前会注重工作的计划性和统筹性。除了由班组长（科长、部长）做工作安排外，还可以让班组成员在会上就当日工作各抒己见，把工作中的难题说出来，所有人一起讨论分析，找出解决的办法，以此来调动班组成员的积极性，做到人人参与。

2. 班后会的意义

班后会顾名思义是班组每天工作结束后开的会，是对当班工作的总结和点评。针对本班工作中出现的问题，进行分析、总结，及时查找不足之处并寻求改进措施。班组长要总结讲评本班组在当班中工作任务和安全防护等方面的完成情况，对做得好的小组及个人要及时进行表扬和奖励，对出现违章作业的人员进行批评，督促其改正，做到奖罚分明。有时还要对第二天的班组工作、人员安排、问题处理等提出改进意见，这样就为下一步工作奠定了好的基础，同时也积累了工作经验，使班组全体成员的水平都能得到提高。

3. 交接班会的意义

在班组工作中常常会采用轮班作业的方式，这意味着同一个岗位存在不同班次之间的交接，如何处理交接工作就显得尤为重要。如果交接不好，往往会给安全隐患以可乘之机，甚至发生安全事故。在交接班中，交班人员和接班人员需要就设备运转情况、工艺指标、异常现象及处理结果、生产的原始记录、领导的生产指示、岗位的维修工具等项——交接清楚,以确保工作的正常运行。

4. 班组其他例会的意义

除了班前会、班后会、交接班会,班组还会召开如周例会、月例会、安全生产例会、班组民主生活会等其他会议。每一个周期性的会议都有其特定的意义和作用,各班组应结合自身情况,规范各种会议的主题、周期、参与人员及会议流程,以确保每个会议都有其价值,而非流于形式。

班组如何开好各类例会

班组各类会议要素流程,如图 4–19 所示。

要想开好班组例会,需要做到以下五点。

第一,全员参与。除非有特殊原因,所有班组成员均应参加班组例会。

第二,例会应该有规范的流程。各班组应根据自身实际情况不断规范班前会、班后会、交接班会流程,使其更高效、更有序。

第三,例会还应有必要的仪式。如活力仪式、宣誓仪式、交接仪式、嘉奖仪式等,从而起到提振士气、强化意识、彰显文化的作用。

第四,从"一言堂"模式转变为互动模式。从以往"我说你听"的工作安排形式逐渐转变为"我问你说""你说我补充""你做我评价"的互动模式。

第五,从单一要素转变为多元要素。从以往单一的工作安排转变为士气调动、安全提醒、工作总结、标杆评选、学习分享等多元要素并存。

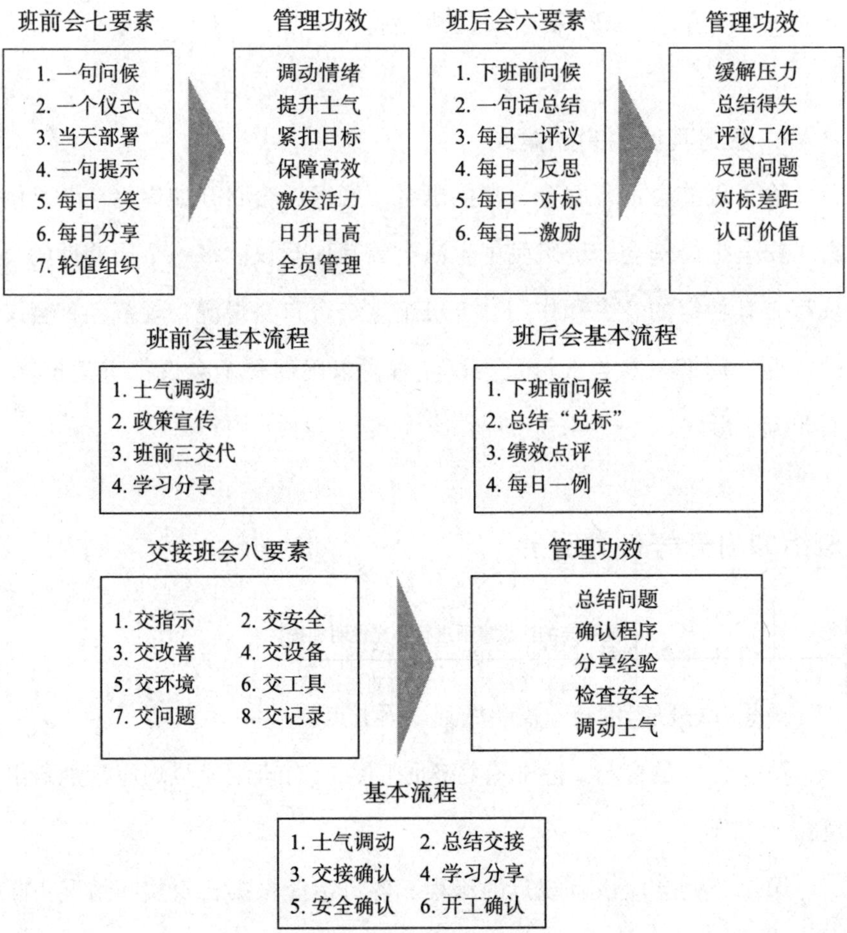

高效能班组管理

班前会七要素
1. 一句问候
2. 一个仪式
3. 当天部署
4. 一句提示
5. 每日一笑
6. 每日分享
7. 轮值组织

管理功效
调动情绪
提升士气
紧扣目标
保障高效
激发活力
日升日高
全员管理

班后会六要素
1. 下班前问候
2. 一句话总结
3. 每日一评议
4. 每日一反思
5. 每日一对标
6. 每日一激励

管理功效
缓解压力
总结得失
评议工作
反思问题
对标差距
认可价值

班前会基本流程
1. 士气调动
2. 政策宣传
3. 班前三交代
4. 学习分享

班后会基本流程
1. 下班前问候
2. 总结"兑标"
3. 绩效点评
4. 每日一例

交接班会八要素
1. 交指示　2. 交安全
3. 交改善　4. 交设备
5. 交环境　6. 交工具
7. 交问题　8. 交记录

管理功效
总结问题
确认程序
分享经验
检查安全
调动士气

基本流程
1. 士气调动　2. 总结交接
3. 交接确认　4. 学习分享
5. 安全确认　6. 开工确认

图 4-19　班组各类会议要素及基本流程

案例链接

某班组例会管理流程

某班组班前会流程，如表 4-19 所示。

表 4-19　某班组班前会流程

序号	项目	内容
1	士气调动	评估班组成员当天作业前的精神状态 通过必要的活动或者仪式,激发员工每天工作热情 例:会议主持人或者班组长问好、唱歌、讲笑话,通过类似趣味活动形式,调节班组成员心理和生理状态,激发士气,调整情绪,活跃气氛,从而使成员以愉快轻松的心情开始一天的工作
2	政策宣传	轮值主持人或班组长宣传贯彻公司政策、重点任务、要求,以及班务决策、重要通知等,实现上情下传 工器具检查:员工边检查边陈述检查要领
3	班前三交代	交代任务:通过工作安排明确每人每天工作目标和任务,让员工陈述一遍自己的任务内容及要点,确认员工理解 协调工作:询问参会人员是否需要协调工作,有则解决,无则继续 提醒安全:安全委员可以用提问的方式提醒班组成员了解安全源、危险点,各岗位结合当天的工作说出安全注意事项。班组长对需要补充的注意事项进行补充说明和提醒
4	学习分享	通过每日安全学习,提高班组成员的安全意识和安全知识、风险预控、操作规程、绝活分享等知识技能 每天简短学习 3~5 分钟。采用轮值方式开展。轮值人员应事先准备学习内容,第二天主持或讲授 学习方式可以采取多种形式,如带领大家采用朗诵操作规程、提问互答、示范展示、视频教学、案例学习等形式。学习内容一定要联系实际工作,学习过程要注重互动和分享

某班组班后会流程,如表 4-20 所示。

表 4-20　某班组班后会流程

序号	项目	内容
1	下班前问候	轮值主持人再次鼓舞士气,感谢当日班组成员工作的努力与付出
2	总结"兑标"	轮值主持人点名 主持人组织班组成员或小组"兑标"班前会的工作部署,简单汇报当日工作开展情况,对工作情况,如一天工作中的成功点、不足点、问题点、改善点等进行评议 工器具整理、点检、交接

续表

序号	项目	内容
3	绩效点评	班组长对班组成员或小组当日工作绩效进行总体评价，并组织班组成员对他人当日表现进行互评
4	每日一例	以当日工作中的问题点或亮点作为案例，组织员工分析讨论，发表意见，提出改善建议 轮值主持人组织大家对当日标杆人物进行评选，在评议过程中对表现优秀者进行即时激励和表扬，或者将标杆人物的照片、事件等张贴于看板上

某班组交接班会流程，如表 4–21 所示。

表 4–21　某班组交接班会流程

序号	项目	内容
1	士气调动	轮值主持人主持交接班仪式，以口号、问好、唱歌等简单的形式进行士气调动
2	总结交接	上一班班长，组织上一班成员对发生的问题、改善点或者对策、安全隐患、危险点等，以口述结合工作台账形式对下一班成员进行通告，并对新下发的指令和任务进行交接
3	交接确认	就安全规程、工序操作规程、交接内容要点，由轮值安全员或者轮值主持人，以提问互动方式确认下一班班长以及成员确实了解
4	学习分享	交接班环节也是一个非常好的学习平台，可以进行政策学习、安全学习、案例学习等
5	安全确认	对下一班作业人员的安全状态、工器具齐全及使用状态等进行确认，以提问方式分小组进行互查、抽查
6	开工确认	以上所有流程完毕，由当班负责人向上级请示工作是否可以开展，得到肯定方可开工 可以用三击掌方式或者简单口号方式，调动工作士气

某班组周例会流程，如表 4–22 所示。

表4-22　某班组周例会流程

序号	项目	内容
1	士气调动	通过口号、问好、唱歌等简单仪式进行调动。班组成员情绪调整好了，参与度才高
2	明确会议目的、议程	让员工对会议的议题、流程和时间有所认知，有的放矢的会议才能高效
3	政策宣传	宣传贯彻公司政策、决策、重要通知等，实现上情下传
4	工作总结	会议主持人组织班组成员对工作任务、绩效考核、质量检测情况、安全情况、现场管理等诸多管理要素进行总结通报 对达成一致性的建议形成记录 通过评议，评选嘉许表现突出员工
5	学习课题	专题学习、政策学习、案例学习等

案例链接
某班组例会记录模板

某班组班前会记录表（见表4-23）。

表4-23　某班组班前会记录表

日期：　　　年　　月　　日

主持人		记录人		班会时长	
参会人员				共计：　　人	
缺勤情况					
项目现场运行状态					
班前会议记录					
1.重要通知、文件学习宣传					

续表

2. 遗留设备缺陷公示/定检分析记录					
3. 当日工作安排（尽量分组安排，开展工作小组竞赛）					
序号	工作任务	一事一控卡	负责人	配合人	共计
1		是□/否□			人
2		是□/否□			人
3		是□/否□			人
4. 对一事一控卡的当日作业进行危险点分析与作业风险提示					
5. 班组长或轮值班长答疑					
工作问题及反馈				提问人	
问：					
答：					

某班组班后会记录表（见表4-24）。

表4-24 某班组班后会记录表

日期：	年 月 日		
主持人		记录人		班会时长	
参会人员			共计： 人
归队情况			

班后会议记录			
1. 当日工作完成情况			
序号	工作任务	小组之星	当日计划完成情况
1			
2			
3			
4			

续表

2.设备遗留问题			
序号	问题描述	改善负责人	何日前改善
1			
2			
3.当日作业中是否有安全措施不到位、不安全现象发生			是□/否□
不安全现象描述			
4.每日一星			
今天，____正常开展日常工作，为今日明星。 （每日一星的评比在月底统计，并将当选票数最多的班组成员评选为月度班组明星）			
5.批评与反思			
今天的班组作业过程中，部分人员无视（劳动纪律□ 安全风险□ 规章制度□），工作中（不能有效完成工作任务□ 没有计划□ 偷奸耍滑□ 拈轻怕重□ 不按标准流程□ 不服从任务分配□ 消极怠工□ 吸烟□ 携带火种登机□），对同事（缺乏尊重□ 傲慢无礼□ 恶语相向□ 漠不关心□），工作完成后（没有做到工完场清□ 工具丢失□ 没有数据收集和台账记录□），在本次班会中进行批评，希望大家能（以此为戒□ 精诚合作□），散会。			

某班组周例会纪要模板（见表4-25）。

表4-25　某班组周例会纪要模板

天气：　　　风力：　　　记录日期：　　　年　　月　　日

时间		主持人	
会议地点	二楼会议室	记录人	
参会人员			共计：　　人
缺席人员			共计：　　人
学习公司下发通知、文件名称		学习方式	
		通读□/简读□/口头□	

229

续表

设备异常公示					
一、上周工作完成情况					
序号	工作内容	责任人	配合人	完成情况	备注
1					
2					
二、本周工作计划					
序号	工作内容	责任人	配合人	备注	
1					
2					

三、本周工作要求
1.
2.
四、考核情况
1.
2.

本周班组明星统计前三名	
班组每周一星	

○ 后记
持续探索高效能班组管理新模式

  管理是一门科学，也是一门艺术，对于基层班组长来说更是一门技术。本书围绕班组管理中的先进理念、班组长角色与作用发挥、班组五大基础建设、班组管理九大实务等方面进行了阐述，并提供了丰富的案例和实操工具。我们力图将抽象的概念和理论转化为班组长易于理解和吸收的管理方法和实操工具，使他们能够"拿来即用，用以致效"，充分胜任岗位并为组织创造绩效。

  同时，我们也深知，班组建设是一项系统工程，更是一项长期工程。班组长认知的转变、能力的提升，班组管理实践的探索、模式的优化，员工素养的培育、文化的生根，并非短期行为，必须依托班组建设实践的持续深入，反复强化、循序渐进，直至"思想深处生根发芽，能力层面枝繁叶茂，实践过程精耕细作，综合绩效开花结果"。

  心在远方，路在脚下！让我们对标卓越的前瞻视野和脚踏实地的进取精神，共同探索和打造新时代具有中国特色的高效能班组管理卓越模式！